我爱故我在
love

陶晶莹 著

山东文艺出版社

contents

4 序 爱最大

前言 爱的辩论

8 爱的形象 Image of Love
12 爱的时机 Timing of Love
16 爱的预兆 The Sign of Love
20 爱的记录 Record of Love
24 爱的成分 Element of Love
28 爱的质变 Deterioration of Love
32 爱的勉强 Forced to Love

PART 1 Me

38 如果没有遇见你
46 我的妈妈
54 告别大内裤
58 百中选一的礼物
68 为什么要结婚生小孩
70 婚不能乱结
72 孩子更不能乱生
74 怀孕是什么？孩子是什么？
78 自然产
94 一切以自己为名
100 20's Something
104 30's Something
110 40's Something

PART 2   W's Stories

- 122   A 的故事
- 128   C 的故事
- 132   J 的故事
- 138   H 的故事
- 146   K 的故事

PART 3   M's Stories

- 156   G 的故事
- 162   L 的故事
- 166   R 的故事
- 170   S 的故事

PART 4   They

- 178   爱从来就不只一种
- 182   关于承认这件事
- 186   求偶作战大不同
- 190   非关男孩
- 194   女人不坏，男人不爱
- 198   新母系时代
- 202   女人的私密派对
- 206   首富的女友
- 210   老少配又怎样
- 214   爱情也有萧条年代
- 218   爱情烂咖
- 222   该不该原谅
- 226   你的人生，你决定

序
爱最大

爱情是什么？爱能永远吗？爱如果变质了，又或者，它一定会变质，该怎么办？

你可以说，人类的文明、进步、改变，是因为生活的需要而产生；但仔细想想，人类的一切需要，都是因为爱和被爱而衍生的。

所以，爱最大。

多少流行歌手排斥一直唱小情小爱的歌，伟大的创作家也不太愿意只局限于爱与不爱的题材；好像只说爱唱爱谈论爱，自己便渺小了，窄了，不够大气了。

这是很奇怪的一件事。

我们总想表现得满不在乎，尤其对于那最在乎的事。

所以我们仍对于自然地说出我爱你不够熟练，对于抚摸爱人的身体太过羞涩，对于大胆说出心里的感觉有障碍；所以，我们总是绕着圈、拐着弯，希望能爱与被爱却又不失冷漠的姿态；所以，很多的扭曲压抑便产生，阻挡在我们与爱之间。

人生苦短，你想蹉跎等待，还是大步地走向前去，痛快地说：我·要·爱？

前言
爱的辩论

love

爱的形象 love
Image of Love

大部分的例子里，大部分的人们，对爱的印象，其实大部分都是不真实的。

　　我的意思是说，人们爱上的并不是对象本身，而是爱上他们自己对对象本身所产生的想象。

　　就是你看见一个萨克斯风乐手在演奏，突然，你觉得你爱上他了……问你为什么，你超开心地回答："他好帅！嘴巴好灵活……他一定是个很浪漫的男人……我想看他在我房间吹奏的样子……他应该喜欢喝点小酒而且……抽雪茄？！太帅了……"

　　其实，这整段叙述只有那个"我想看他在我房间吹奏的样子"是以许愿方式陈述，故为主观亦无差。但其他所有的叙述，其实都是你那"想当然耳"的不客观逻辑自己构想出来的。

　　例一，他一定是个很浪漫的男人。这便是自己往好的、非常正面的地方去联想。

因为，很多我认识的乐手老师其实累到没办法顾及生活情趣，有时更为生活奔波，哪有闲情逸致来浪漫？

例二，他应该喜欢喝点小酒……抽雪茄？这一整段都有问题。

从哪里判断这位乐手喝酒、抽雪茄？全是自己的想象。

有没有可能这位乐手对烟过敏，无不良嗜好，而且吃素，还过着节能减碳的生活？

所以，当我们爱上某人的形象（image）时，我们爱上的，其实是我们自己突然被荷尔蒙笼罩而发浪之大脑不受控症候群（N2MKSSH），翻作台语便是恁奈不去死死好症候群。

而这可怕的 N2MKSSH Syndrome，短则数月，长则几年，都会不断干扰正常大脑的运作，突然使之当机，而后产生各种幻觉来自我催眠并深信不疑。

要能从这症状中好转醒来，承认自己爱上的并不是当初"看见"他的那样，实在需要健康的体魄、自知的勇气和一点点机缘。

如此一来，所有的爱情都是盲目的？莎士比亚说对了！

所以为什么相爱容易相处难！所以为什么两人在一起久了一定会情淡，都有了答案。

因为，我们花了很多时间和精神去爱一个根本不是我们想象的人；日后惊醒、掀开面纱一看，说不定，还正是我们最讨厌的类型？难怪很多夫妻到最后会想杀了对方。

但恋爱的最美便是那初期暧昧不明时，一切都未知、一切都朦胧，有点故作镇定,却又兴奋难耐,整夜让自己睡不着的,不是真正的他的一切,而是那幅因荷尔蒙强烈晕染的对他的想象。

所以,我们都爱上幻想、爱上猜测,爱上那个不真实的他。

原来,这就是爱的印象。就像王子爱上的,是那个趴在海边大岩石旁楚楚可怜的女人的形象,而不是人鱼公主本身——好悲哀!谁趴在那里谁就赢得王子!人鱼公主,你想太多了……

那么,爱原来是那么可笑、荒谬甚至精神错乱不可理喻的行为?

或许,我们仍然有些能维持这场爱情的理性说法;比如说,他微笑的样子很可爱、她身上的气味很好闻、我们喜欢同样的作家、他也喜欢 Bali……。

所以,别沮丧,爱上对方仍有些理性的原因。只是,比例较少。

爱不需要太理智,爱需要疯狂的失控,只是,后果请自行承担。

爱的时机
Timing of love

我和老公的相遇、相恋,其实真要拜我们前一任男、女友之赐。

因为在同一时间,他的前女友和我的前男友正强烈劈腿、见异思迁中。被伤害的我们两人因为失恋,有一种同是天涯沦落人的相惜,再加上媒人蓝心湄觉得我们两人实在太像、不撮合很可惜,于是便大敲边鼓,促成了我们。

我们自己聊过,如果不是一个那么恰好的时机,我们永远也不会碰见对方,也不会因为失恋而频频往海边跑,心里也不会空出一个位子——如果早了一点,我们都还各自有男女朋友;如果晚了一点,或许伤已痊愈,重心已偏往工作或其他,也不见得有时间留给对方。所以,就是那么巧,就在那段日子里,我们恢复了单身,然后,遇见了对方。

中国人称它做缘分,我觉得,这就是爱的时机(timing of love)。

两个应该相爱、相称的人，就算星座血型生肖八字都合得不得了，但若没有在对的时机相遇，未必能产生一段好的恋情。

有一对刚在蜜月期的情侣，男方突然接到国外学校的入学通知，不得已离开了，才飞去两周，他便决定要分手。他自己很痛苦，女方更是哭得死去活来，发誓一辈子都不会原谅他——一对相爱的人何苦沦落至此，全是因为碰上了不好的时机。

男生因为家里不富裕，必须克勤克俭；再加上初到异地压力大，根本无暇顾及千里之外的女友，于是只好慧剑斩情丝。女生为了浪漫的理由说她愿意等，却打动不了男生；因为，她不是那个面对环境丕变而每天战战兢兢的人，所以无从理解男生的突然冷漠。

唉，只能说，再对的两个人，只要时机不对，一切也就乔不拢、白搭。

不过，成也时机，败也时机。

有时候，时机太好了、太完美了，喧宾夺主的结果也可能造成对对怨偶。

男人离婚了，刚好遇见他大学时暗恋的女同学，两人相谈甚欢；男人更大胆地询问女同学是否单身，谁知女同学仍小姑独处，于是，男人怎能错过这大好的时机？

三个月后，他们结婚了。一年后，他们离婚了。

男人事后回忆起来，其实，他对她并没有真正的了解；而她，在遇到男人的三个月里，不断地演着一个男人梦想的完美伴侣，却在饭票得手后现出原形,让男人生不如死;所以,最后他们还是离婚了。

男人说,若不是因为在最孤单无助时碰见她,他应该也不会这么冲动地想要有个人陪。

这么说来,我们碰见好的时机,不要太高兴,因为,那有可能是个陷阱。

但如果我们能在对的时机遇见对的人,一定要好好谢谢神;因为,他没有把我们寻寻觅觅的真爱,变成别人的老婆或老公,阿门,阿弥陀佛。

爱的预兆
The Sign of love

电影《西雅图夜未眠》里，女人们互相鼓励去追求真爱的一个很具说服力的观点便是："It's the sign, can't you see?"（"这个爱的预兆如此明显，难道你还看不出来吗？"）

在没有科学实验证明之前，我只能说，爱的预兆是一个非常主观的穿凿附会。

因为你暗恋一位帅哥，一直没有勇气表白，然后你突然从收音机听到一首告白成功的歌，于是眼睛一亮地说："It's the sign!"你相信这是神在暗示你，用一首歌给你预兆，于是你深信这是个好预兆，就去表白了。

姑且不论结果如何，这强烈的自我暗示，完全是自己给的；因为自己想这么做，所以硬凑一个理由逼自己去做，并因怕这么做会失败，所以将责任推给自己以外的事物——可能是一个门牌号码跟他的生日相同，你便觉得他一直出现在你周围：It's the sign，叫我去爱他！事实上你就是爱他，无关流行歌曲、无关门牌号码、无关你捡到他的健保卡、无关他爱喝拿铁而你正好也是。

因为你很爱他，所以任何事物都能联想到他。而所谓身边不断出现的预兆（sign），不过是你一厢情愿地攀关系，好让自己觉得跟他能更靠近。

说穿了，没有sign，有的只是人们"为爱新人强说缘"而已。

而大部分会想念这种说辞的，就是女人。这可能是女人们互相加油打气的方式，也是女人们面对不确定的事物时，惯用诉诸怪力乱神的手法；所以，请别拆穿，就跟着一起瞎起哄吧！

爱的记录
Record of Love

我们评断一个人的条件有很多：他在哪里上班、读什么学校、开什么车、喝什么酒、他的兴趣外表星座……还有，他交什么朋友。

常常，女人们私底下聊天，兴奋地说着最近发现的新"对象"——就是那种她们会喜欢的菜，令她们垂涎的一块肉。聊着聊着，重点来了，若那男人过去交往的对象是女人们认同的，那男人在她们心目中便加了不少分；若那男人过去的女友是女人们唾弃的，那么，瞬间，那一分钟前还是王子的男人，便成了女人们皱眉作呕的臭游民。

"你知道那个 Leon 吗？"三姑问。"怎么忘得了？就是那个很像裘德洛加布莱德彼特还有金城武神秘气息的帅哥啊！"六婆回答。

九妹接着说："我知道我知道，你是不是要说他最近恢复单身了？"

此话一出，众女眷们莫不惊呼。"那么，"六婆接话了，"大家都有机会喽？太棒了！Leon 又帅又性感，屁股那么圆，他又很会耍浪漫。听说还很会做菜呢！"

女人们纷纷吵着谁最适合他，更大胆幻想着 Leon 在床上的模样，聊着聊着，兴奋到自己不断抚摸胸口或是羞红了脸。

此时，不知是谁放了冷箭："可是，你们不知道他的前女友是谁吗？嘈杂的菜市场突然有了几秒的宁静。

三姑喝了一口她的果汁，没好气地说："谁不知道？就是那个号称万人斩的淫娃！"

多难听！

九妹接着砍了一刀："对啊！她超夸张的，几乎整个办公室，哦，不，应该说，整栋办公大楼里只要有男性生殖器的，几乎都和她睡过吧！哼！很脏！"

六婆翻了翻白眼，没好气地说："Leon 不知道是聋了瞎了还是被下蛊了，把那贱人捧在手心当公主，厚——那女人一定是演技太好才能瞒天过海！"

一轮猛攻之后，女人们精疲力竭地叹了口气，脸上的热情早已荡然无存。

"你们不觉得，会跟一个这样的女人在一起这么久的男人，也很有问题吗？"九妹问。

女人们很不愿意承认，但仔细一想，极有可能 Leon 是个极度封闭自大又盲目的人——既看不清自己女人的真面目，又耽溺于假面天使俗丽的奉承；再往下想，除了"外表"和"听说"，其他关起房门来的事，怕那才是 Leon 的黑暗面。

常常看到双双对对的情侣或夫妻，让人大吃一惊的不在少数。

吃惊的是性爱狂和草食男在一起，社交名媛心仪土台客，唱片宣传嫁给了猪肉张。

因为一个人的伴侣，我们更了解一个人。

当然，年轻时谁不错爱几个人，那些过去，也正好见证了或许轻狂、或许荒唐、或者彷徨无知、或者向往失控的一段岁月。

爱的记录，record of love，便因着不同爱人，记录着我们不同年纪的情绪需求和判断选择。

爱的成分
Element of love

综合各流行歌曲的说法，爱是占有、怀疑、分享、温暖、嫉妒、激情加亲情，爱是你和我之类的。

而圣诗则说，爱是恒久忍耐又有恩慈，爱是不嫉妒、不自夸、不张狂，不做害羞的事。不求自己的益处，不轻易发怒。

圣诗对爱的定义真伟大，也真难做到。

而从科学角度来看，人在恋爱时，大脑会产生脑内啡，会如毒品般令人开心狂喜、处于一段兴奋难抑的处处春花开状态。所以，在热恋期，爱是毒品，又是春药，是百忧解，也是所有问题的解答。

待药效一退，甘尽苦来，可能就是流行歌和圣诗齐唱的时候。

很多人会说教：爱不是占有、不容怀疑、不掺嫉妒、不轻易发怒；可是我们明明看到爱人间充满了以上的各种情绪，然后又泪流满面地说我爱你，结果又看到对方怒容满面地说："这不是爱！"

啊！好伤人！原来我爱你爱得这么强烈、付出了这么多，稍微占有嫉妒发怒一下,就不叫做爱了?

好吧!让凡人们朝着高标迈进。让我们看看那爱的乌托邦:每对爱侣都极度忍耐、不轻易发怒、不看爱人的 MSN、不查手机、不过问他的私人交友,出差不报备、出游不带手机,不要为管教孩子争辩,为家人不断委屈自己成全大局,人人把自己摆在最后一位,不求自己的益处……超乏味的啦!

原来,真爱的成分有如有机水果,酸涩粒小对身体好,但真是苦了感官,超无趣的。

爱的质变
Deterioration of Love

曾经相爱的两个人，因为一些狗屁倒灶的事，可以变成多互相怀恨的仇人？

这个答案，相信可以从每天的新闻窥知一二。

离婚后互揭丑事，整之欲其死；有点钱的不惜对簿公堂，没钱的自己用不理智的方法困住对方、撕裂对方、中伤甚至毁灭对方。

爱让两个人靠近，近得你泥中有我、我泥中有你，巴不得两人是连体婴；有一天，两个人宣布爱已逝，连一想到对方的脸都恶心，恨不得对方立刻消失在地球表面——这到底是怎么回事？

如果按照比例来看，修成正果又能白头偕老的算极少数，这么一来，爱，还真是个残酷的东西。

爱让每个人前仆后继，不惜耗费大量的心力、财力投注，却让半数以上的人用互相伤害来终结彼此，死在爱的战场上。

那么，爱的变质有无及早发现的可能？

当然有。就是许多婚姻专家、两性心理学家都一再强调的沟通。

多观察、多聊天、多反应，那平日的点点滴滴若都能感受到，应不致一夕生变。

只是，生活一直都是爱情的敌人。时日一久，爱磨光了，剩下的，多半只是精疲力竭的习惯——当初眼中的红玫瑰，也不过是今日墙上的一抹蚊子血。

爱的变质，还是发生了，早晚而已。

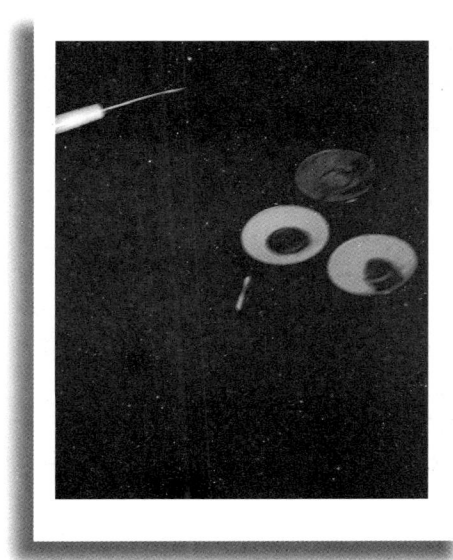

爱的勉强
Forced to Love

勉强这两个字，在日本人的字典中，竟有读书的意思。也对，大多数的人，在读书时是不太甘愿的，很勉强的。

渐渐有些访问，会开始问到我有关"保持永远恋爱状态"的事，除了努力经营之外，我的心中，近日浮现了"勉强"这两个字。

是啊，这两个字，不就是保持爱情的要诀？

永远记得，为对方做些勉强自己的事。

想当初，那初初恋上的时候，眼里只有他，全身的能量愿为他分分秒秒燃烧，再累都要去看他一眼，没时间睡觉也要和他说上话，再远的地方也不嫌远，一切都在勉强自己全力而为，一切都在勉·强。

热恋之初，人人都是超人，没来由地浑身充满了力气，上班完约会再直接去上班都精神奕奕；待荷尔蒙减少，人人都必须恢复常人状态，要再多做其他的事，便有些勉强了。

于是，在累了一天之后，若还能勉强地为对方做些什么，还真令人感动。

这"为对方做些什么"，其实也不用多了不起的事。比如说，记得老公喜欢吃大饼卷牛肉，在忙碌工作了一天后，回家时绕一点路（勉强）去买一份，相信老公会很感动。

又或者，两人都忙了一天，很累，若能为对方简单地按摩一下，意思到了即可；那温柔的呵护，是自己可以多奉献一点的表态，也是在平淡的生活中加些甜蜜的调剂。

所以，偶尔勉强一下，也很美。

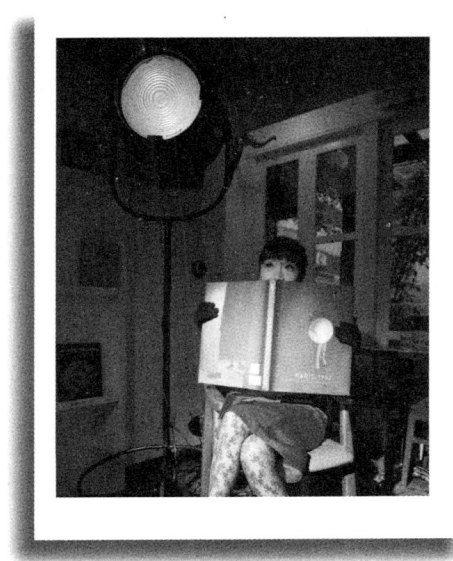

PART 1
Me

love

如果没有遇见你

如果没有遇见你,我将会是在哪里?

二〇〇八年十二月十七日,怀孕已达三十六周,由于是第二胎,医生说他不敢保证什么时候会生。此时此刻,我坐在"长谷川Café"的角落,想起了邓丽君的《我只在乎你》。

人的一生有多少的转变?有些时候我们可以自主选择,但大多数的时候,命运真的不是操之在我。

他曾经很温柔地跟我说了一句:"你改变了我的人生。"要不然,他可能仍在垦丁、台东或宜兰一带流窜,到处找浪冲。

当然，或许那样也很美好，但我仍然可以嗅出一个男人有了自己幸福安定的家庭后，那种夜里能眠、生活踏实的喜悦和欣慰。

其实，他又何尝不是改变我命运的那个人。

记得大学刚毕业时，对于工作、爱情，都是充满兴奋和期待；经过一连串的学习和挫折，才稍稍能拿捏个中要诀。

工作方面能掌握的部分较多、较有迹可循；爱情方面，则是浮浮沉沉、头破血流。

你想好好爱一个人，却发现对方不这么想，而且，从开始到发现，往往需要好几年的青春；而从发现到能逃脱，也为时不短；从逃脱到完全重新活过来，又是一番勇气。

自己在最青春年少时，曾对媒体发过梦："我要在二十五岁把自己嫁掉，三十岁前生三个小孩！"啊——，那个还敢大声说出这种白日梦的年纪啊，可贵又可笑。

后来已渐渐逼近拉警报的年龄，又多遇人不淑，便开始盲目地求神问卜。

大部分的算命老师说："啊，你这个命哦，适合晚婚。"这个年代，超过百分之八十的人都晚婚不是吗？就算觉得他们在哈拉，但听到有"婚"这个字，居然心头还是一喜，因为，算命老师还会在后面补一枪："你知道吗，有些人的命盘是怎么看都没有姻缘哦！你这个算是不错了！"往往是在幽幽暗暗的小房间，算命老师严肃神秘的脸，不管学历高低、资历深浅、天资聪颖或鲁钝的众女子（或偶有男客）们，都在被宣布的当下失了魂、着了魔，悲喜由他不由己，个个像小玛尔济斯般地摇尾乞怜，等待主人施舍的一根小骨头。

　　于是我终于能了解，为什么社会新闻里常有高级知识分子，被一些打着姻缘旗号的神棍骗财骗色后身心扭曲的悲惨故事。

　　那是多么坏的一个心眼？！看着别人求爱若渴，而他们可以乘虚而入然后丢下一个梦魇让寻爱之路更加痛苦？

　　自己庆幸没碰过神棍，但也常被不同的铁口直断吓出一身汗。

　　曾碰过一位算紫微的老师，她研究了半天，就冷酷无情地直接宣判："你命中没有婚姻！就算结了，也铁定会离，而且没有小孩！"说完，就阴狠狠地看着我，然后是一大阵沉默。

　　我当场没哭，但回家真的忧郁了好久。每天惶惶终日，工作无心，觉得人生灰暗，不知所以；夜晚更是抱着电话向姊妹淘们求救。

　　就这么悬着、挂着，失魂落魄了半年，有一天，有位朋友说她认识一位仙姑，（你不觉得，台湾还蛮多仙姑的吗？）可以透过电视屏幕替我论命，隔天便打电话给我："放心啦！

仙姑说你会结婚,而且会有小孩!"哇!!!真是不得了,当下如释重负的我,整片乌云从眼前退散,说我能飞檐走壁也不无可能。你知道,就好像人生又有了重新启动的能量,仙姑一句话,便让我药到病除。

之后当然又过了好多年,才遇见生命中的他。

世人对婚姻的见解千千百百种,但我深刻地体认到,晚婚真的比较好。

两个人都比较成熟,当然比较好。重点是,两个人都受过伤,这更好。

在个人主权意识高涨的年代,每个人都以自我为中心,莫不觉得自己最大、最重要——这当然也就是造成婚姻中二人相处、妥协、容忍的最大障碍,所以各国离婚率都这么高。

在每个人的成长过程中,有人养尊处优、有人独立早熟,但不管什么样的人,大多是自私自利的,先顾好自己最重要。尤其当今世风日下,人不仅在职场要心机算尽,在情场上更是。

说穿了,就是自私、自私、自私。

每个人都可以伤害别人,却无法忍受自己受伤。

比如说,劈腿大行其道,每个人理直气壮地说:"又还没结婚,为什么不可以有多点选择?"但当自己被劈腿,便又哭又抢地泼硫酸寻仇上网曝性爱照用车撞找人扁对方等等不胜枚举；每个人讲自己劈腿都掩不住笑意，但讲到被劈又都如丧考妣——更变态的是，后来演变成因为怕被劈所以先劈，在一段感情中随时准备落跑叛变，如此一来，怎会有可以相信的爱情？

所以我说要有一段稳定的关系，必先具备被惨烈伤害的经历。

因为你被伤过，便知那苦那痛那不堪那可悲，下回你想越轨时便会有一片阴影笼罩，不至于断然行动。当然，仍有那种丧尽天良的人乐此不疲不断伤害爱自己的人，除了耽溺短暂空虚的欢愉，那种人最后多半是晚年凄凉、下场难看。

付出的不见得能收回，但在爱中，不付出一定得不到真正的幸福。

因为我和他都到了一个年纪，也都伤过别人（也都丧尽天良不知别人会痛），更是遭受过重量级的背叛欺骗，所以只能说，资历完整，刚好合格进入一段稳定的关系。不曾心碎过的人，不会有爱别人的能力。

赞成晚婚的第二个原因，便是看尽沧海桑田。

其实也没有那么沧桑啦，只是说，当你看过、听过、玩过、冒险过、失去过、得到过、控制过、失控过、野过、疯过，你才会甘愿去经营一段稳定的关系。

因为曾经看过纽约的MOMA、SOHO；看过南非的克鲁格国家公园的花豹上树、狮子狩猎；在清晨四点欣赏过新西兰南岛星空下的座头鲸；更在安克拉治上空看过北极光；还有自尼泊尔远眺喜马拉雅的圣母峰顶疾风吹雪、意大利佛罗伦萨的小镇风情，所以我能与爱的人窝在自己台北的小角落而不会心猿意马。

因为曾在原宿、涩谷疯狂shopping，买衣服、鞋子、首饰、帽子、杯盘瓷碟；也在香港买东西、吃东西；更在纽约、意大利、巴黎受过时尚尖端的洗礼，所以更能体会到衣服能穿就好、鞋子再买也买不完——哪里也比不上带小孩到巷尾买根棒棒糖的喜悦。

看尽千山万水，才知世界之大，大不过与亲爱的人的一方小天地。

尝过米其林三星级厨艺，喝过行家典藏的红酒；法国卢浮宫里浓浓的热巧克力，日本产地直达的不可思议生鱼片，屏东正鲜的黑金刚、油鱼子，洛杉矶又软又香的纽结饼，美好的滋味仍在记忆中蔓延，但怎么也比不上和他在家里煮上一碗麻辣泡面。

所以我主张，先把你的青春岁月填满，完成了各项自我之后，你才能很心甘情愿地简单过日子，当然，也更能体会实实在在的喜悦。

如果你觉得自己还没玩够、没看够，那就先别结婚吧。

我的妈妈

二〇〇九年一月，我当了第二个孩子的妈；两个月后，我失去了自己的母亲。

她死于多重器官衰竭。早在过世的前六年，她就被肝科医生宣布只有三个月寿命，所以后来的这几年，我们这些女儿也只能想成是多活的幸运。

肝硬化、糖尿病，伴着洗肾的日子，最后还引发肺炎，她多出来的日子，其实也没太好过。

当我看到她的遗体被送入冰柜时，除了悲伤，更多的是松了一口气——替她松了一口气。

最后的日子实在太辛苦了。鼻胃管、呼吸器、拍痰衣、插管治疗导尿管，她日渐瘦弱的身躯在众多仪器管线侵略下更显得无助。

妈妈活了七十四岁。不算长，也不算太短。

送她走的，只有家人和家人的一些朋友。她的朋友一个也没来。这和她的人缘无关。实在是因为搬了好多次家，也换了好几个城市，再加上她年老时记忆衰退，许多指名要来看她的朋友她都不认得了，故丧礼一切从简，并未发讣闻。

遗体在经由简单的基督教仪式后火化。一个完整的人，就只剩下半铁盘的骨骸。

女儿们用着一双长筷子，轮流夹进骨灰罐。罐子上有着一张几年前她还红光满面的照片。

家人讨论着她，说是她最喜欢打扮，喜欢穿颜色亮丽的衣服，涂桃红色的口红，还喜欢搭配首饰——大耳环，或民族风的项链。她还爱唱歌，也爱不经意地炫耀年轻时有多少人追。

事后，我才逐一通知我的一些看过妈妈的朋友。朋友们都不胜欷歔，并且安慰着我。

我的悲伤还算好处理。但对于母亲的愧疚，则是不能稍减。

曾经试过要好好与她相处。但身为儿女的，总是对父母有一种予取予求的盛气，往往聊不到几句，便不欢而散。

　　后期更因为要控制她的糖尿病情，常劝阻她吃东西而不愉快。身为幺女的我，常常对她长篇大论晓以大义，她却只是无辜地说："我要喝果汁、吃饼干。"

　　人生多难料，命运多残酷？

　　实在很难把吵着要吃饼干的妈妈，和年轻时意气风发的妈妈联想在一起。

　　外公学的是艺术，又是国文老师，自然对家中的长女要求甚高。妈妈也不负期望地在那个年代以高中学历考进中广苗栗台。还记得曾经看过一张妈妈在高中时的黑白照片，那里面一共有七位高中女生，妈妈说，她们是七仙女。妈妈坐在最中间的位置，笑得最自信最灿烂，头发很明显地和其他女同学不一样，稍微上了些卷子，那样的神采使她当之无愧地获得校花的名号。

　　妈妈是一个极度天真浪漫的女人。她曾经因为看了一部琼瑶电影，爱上女主角戴的耳环，散场后便拉着她的大女儿、二女儿（还好那时我还未出生）跑遍台东小镇（妈妈在苗栗读书、就业，后被调至台东，待我出生后，又被调到苗栗）去买。

台东敆,六十年代的台东敆,她哪里管,就硬是跑到商店全打烊才肯罢休。

整理她的首饰盒,发现了好多玫瑰花造型的项链、戒指;有蓝玫瑰,有红玫瑰,成套成套地收藏着。原来,是爸爸先送她一套,然后妈妈便珍爱地收藏相似的系列。

原来,妈妈也曾被爸爸如此疼爱过。

听妈妈说,年轻时外公管得严,不管是空军军官的情书,或是热情听众的来信,都会被外公控管,唯独爸爸能闯关成功,是因为爸爸被调到中广苗栗台,和妈妈成为同事。

妈妈说,当时看爸爸很不顺眼——好像所有的恋情都少不了这一段,因为注意到了,因为被吸引了,却又不愿承认,便嘴上用力地抵抗着——因为妈妈嫌他太骚包!在四十几年前的苗栗小镇,爸爸一出现便是整套笔挺的西装,胸前挂的是台单反相机和液晶显示收音机,妈妈便觉得这个人太爱现。

后来,爸爸每天送妈妈回家,但又怕公公姥姥发现,便在快到家前的一座小桥那儿先离开。回忆起来,妈妈说那是觉得他烦。

直到有一次,妈妈要坐火车去探亲戚,爸爸去送行。火车要开了,爸爸很不舍地跟着火车小跑步,直至跟不上了,便大喊出:"你要早点回来!"

妈妈这才融化了。她说,觉得爸爸好孤单好可怜。

后来,他们结婚,有了我们三个女儿。

大姐说,她小时候常听到他们两个人对唱情歌,家里充满了欢乐的气氛。这和我的记忆完全相反。

或许是因为我出生后,又是一个女生,父亲难免失望;再加上举家北迁,经济压力变大,印象里的爸妈,总是为了钱不愉快。

现在想想,妈妈为了我受了许多委屈。不仅家庭、工作两头烧,还要因为没生个男孩,饱受父亲的冷嘲热讽。

如果他们只有两个女儿,或许日子会好过一点;如果待在苗栗,或许可以更和乐。

所以,还是很感谢妈妈勇敢地生下了我,还是很感谢父亲带着全家人北上,不然,不会有我,不会有今天的我。

自己曾经怨恨过。怨妈妈为什么不像栽培姐姐般地栽培我——她们学小提琴,学钢琴、芭蕾舞、民族舞,我只学过一年钢琴。在父母争吵时,我也恨自己不是男生,不能让妈妈理直气壮。父亲动手打我时,更气妈妈为何不挺身相救,只在事后抱着我哭?

那时的我并不能了解，妈妈已经用尽全身的心力在职场上打拼，下班后得赶回家张罗晚餐，料理家务，妈妈没有时间做梦，没有喘息的空间。没有人在乎她年少时如何被宠爱，如何被崇拜；而她在庸庸碌碌的日子里，是否也曾想过那少女时玫瑰般的梦？

妈妈在中广苗栗台除了报新闻，更主持晚会；当她拿回当时动感艳星杨美莲的黑白签名照时，我记得我是怎样如望神明般眼睛发亮地看着妈妈说她好棒。妈妈说，她常穿着高跟鞋去抢新闻，鞋跟咔咔地跑来跑去，虽然脚痛，但常跑到独家。

后来，我成为一个主持人。又是电视节目又是广播又是大型晚会，妈妈没说过一句以我为傲的话，只是看着电视然后对我笑："没想到我女儿这么丑也能上电视当明星。"

这句话把我和她的关系搞得更僵。

我搞不清楚她喜不喜欢我的表现。她只在我说话大胆时捶我两下："女孩子不可以这么说话！"，或在我将她的糗事模仿出来时夸张地捂嘴："下次不准在电视上说我的事！要命！"

我还是没听过一句她赞我的话。

但她还是常拉着我到亲朋好友面前"展示"。我没来得及反应，那就是她以我为傲的方式。

所以，我学她用损人的方式赞美人，用不在乎的态度掩饰在乎；我不赞成她的方式，却又在仰望着她时变成了她。

等到自己有了孩子，我才惊觉，如果我用同样的方式对我的孩子，他们会有多寂寞。

我要大力地拥抱我的孩子，管他是小眼睛，塌鼻子，他们都是我生的，遗传自我和我最爱的人，每一个小细节都美得完美或不美得可爱。我要不断地亲吻他们，为他们轻柔地哼着摇篮曲，就算他们听不懂，我也要告诉他们我汹涌满盈的爱，不让他们有一丝丝负面的感受。要减少工作，不错过他们需要我的每一刻；他们跌倒了，我能蹲在一旁及时地呼呼秀秀（惜惜）；他们多学会了一句话，我能先听到；五音不全唱的歌，我能跟着和，然后为他们鼓掌。

我要为那些错过的，做些弥补。

我要把妈妈那时错误表达的，正确解码。

我不要孤单单地在躺进冰柜后，突然惊觉还有好多事没交代，好多话没说。

大姐说，妈妈这次自己都没想到自己不会再出院了。

后来在加护病房，她已不能言语，只能痛苦地大声喊"妈"。

她的眼神充满了惊恐，只在听圣诗时，才稍微平静。

她走时是早晨八时，加护病房里没有亲人，三个女儿稍后才赶到。

妈妈走了。当女儿们都到时，她才合上眼。

她会不会不甘心？会不会想亲口对我们说上一包肉麻的话？已无从得知。

自己当然是懊悔的。但我相信，就算妈妈活过来，一切也不会有太大改变。她还是会酸我，我还是会顶回去。

我们充满了刺，却又那么想拥抱对方。

只能从她的身上学到一些，来改进自己，清楚自己真正要的，真正想说的，好好地去爱，算是对她的一些缅怀、一些纪念。

告别大内裤

最近正在和自己的大内裤告别。

大内裤。

这三个字看起来超不受欢迎、超不性感，应该是男人女人都不想花时间了解又超想摆脱的东西。

婚前，自己的 size 是 XS。

怀孕时，便一路涨到 XXL。

这样的过程，很令人沮丧。每要往上跳一个 size，便觉自己离"小姐"更远；更多的害怕是，如果此去一肥不返，又该如何？

　　变胖是一种恐怖的煎熬。一面想着健康，一面又要抵抗食物的诱惑；一会儿战胜，一会儿臣服；一会儿觉得自己很棒，忽然下一餐，又变得看不起自己。

　　就算你有爱你的朋友，或有个说你无论多胖都会爱你的老公，你还是默默地在涨大、渐渐地感觉到膝盖和脚掌承受的压力。手掌水肿了，下巴和锁骨不见了，肩头更壮了，内裤穿不下了。

　　有一天，实在没办法穿过去的内裤了，只好不太情愿地走进孕妇装专卖店。只见柜上的阿姨迅速地用眼角一瞟，立刻拿了件"她们的"M号，当那件内裤送到我手上时，我发出不可置信的惊呼："未免也太大件了吧！"在阿姨的坚持下，我只好勉强买回家。

　　那条内裤拉开来，从西到东，活像个麻布袋，或是说，像面旗子——笑死人了！谁要穿啊？

　　谁知，回家一换上，居然还有点紧……

天——崩——地——裂——

后来，因为它实在对肚子来说太舒服了，于是只好睁一只眼、闭一只眼地越买越大条。

体重从四字头一路飙到七字头，大内裤一直默默地抱着我那如冬瓜般的巨大肚子，如河马般的臀部。

洗好的大内裤，不太敢在老公面前晾，深怕他一个不小心，拿来当毛巾。

大内裤像个沉默的知己。它陪着我，让我忘记许多不舒服。

也曾上一些国外孕妇用品网站查询，看到原来超多孕妇丁字裤——至少看起来会有局部性感的错觉。知道吗？孕妇超怕把老公吓到冷感……就算它设计 ok，但回头一想，丁字裤的舒适度哪里比得上大内裤？

于是，孕妇的秘密便是，内裤无敌大。

照理说，大部分注重身材的女人，应该会在生产后想加速瘦身，极快地摆脱那些极大 size 的衣物，然后再疯狂堆满 XS 的衣物；当然，我也瘦身，但我却无法忘情于大内裤，一直舍不得把它们丢掉。

当身形迈向 M 号时，大内裤穿起来便松垮垮的，仍然舍不得丢；一直到现在，衣柜里的角落，仍有几件大内裤，静静躺在那儿。

我想，它们算是我的战袍吧！我们曾经那么紧密地结合在一起，打过那美好的一仗。

我想让它知道，我珍惜和它的感情。

百中选一的礼物

多年前，我买了一部新车。提车后兴冲冲地赶去加油站把油加满，正准备狂飙时，却发现油标仍没动静地停在 E，显示没有油。打电话回去给业务时，那一头嬉皮笑脸地解释。"啊，有的车会有这种现象啦，大概，哈哈，只有百万分之一的几率啦，陶子姐，你真幸运，哈哈哈哈……"

百万分之一，的确很少。算是我这辈子中，最"幸运"的一次。

事隔多年，我又"中奖"了。

二〇〇八年十月，为了第二胎待产，正准备慢慢停掉手上工作、迎向休假大吃大喝大睡的梦幻生涯时，我却被诊断出有妊娠糖尿病。

在所有孕妇中，得这种病的几率是百分之一至三。很幸运吧。

一开始诊断，必须先空腹三小时，然后吞下一杯有五百克的糖泡成的水，一小时后由指尖刺出一滴血测血糖。我第一次就没通过。

接下来，就是一整夜加一个早上的折磨。

前一晚十二点以后就要空腹，也不能喝水。第二天一早，先扎一针，再喝糖水，之后每小时再各扎一针，一共四次，只要有两次未通过，就是妊娠糖尿病。

当我第一次没通过时，护士紧张地建议我，去附近走走动动，流点汗或许可以加速新陈代谢。

牵着老公的手，走到公园时，我看到了一幅奇异的景象。

那是某个星期六早上的九点，大部分的人都还在睡梦中，洒满阳光的小公园，静得像一幅画，只是画中有许多如小熊维尼般的孕妇在移动。

一个女人为了孕育新生命，到底要付出多少代价？

老公陪着我一边运动，一边又担心我身体负荷不了；我们表面上轻松地聊着天，但是彼此都感受到对方的担忧。

医生的话，一遍又一遍地在耳边响起："妊娠糖尿病如果没控制好，会造成巨婴、难产，或是小孩畸形；如果小孩过大，必须剖腹，母体又因糖尿伤口不容易好，小孩一离开胎盘，剪断脐带后，又容易造成低血糖……"

很"幸运"的，我没通过测试，确定是妊娠糖尿症。

而接下来的日子，更是超乎想象的"新鲜"。

咨询过营养师和新陈代谢科医师后，我的一天七次量血糖生涯正式展开。

餐前餐后加上睡前，一共要扎七针；但一开始因为不够熟练，扎个十来针是常有的事。才不过三天，我就开始有点受不了了。

医生说，扎两手的食指、中指、和无名指，尽量往边缘扎，较不痛。

嗯，哪里不痛？

才三天，那六只手指已经有点泛白脱皮，本来细微不可见的针孔也变成隐约若现的小黑点。自己拿揉血笔扎自己指头，虽然疼痛程度当然无法与生产的痛相比，但那种感觉很干，像

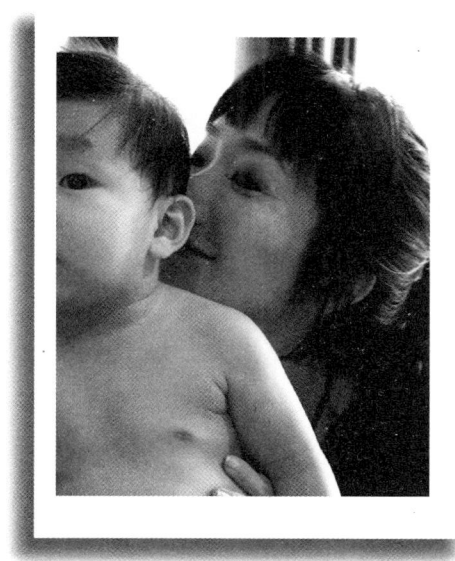

是不经意被纸划了手指。

老公为了了解我的感受，特地给自己扎了一针，鲜血涌出的瞬间，他骂了一些脏话。

有一天夜里，我独自在马桶上，告诉自己一定要撑下去，不然，若是血糖降不下来，未来的孕期就得每天拿针打胰岛素，更大的针喔！然后，我亲吻了我的六根指头，感谢他们的牺牲，感谢他们在我每次要选择扎哪一根时，无言又憔悴地看着我，然后义无反顾地挤出一小珠鲜血。

与此同时，二〇〇八年的金钟入围揭晓，朋友的声声恭喜、记者的八卦问题，在我听来都好远好远。

当然，我还是感激的，只是，此时此刻，有什么比我肚子里孩子的健康更重要？

上帝绝对是公平的，他给了你一些、也拿走一些；不能抱怨，只能努力解决，因为，困境让人长智慧。

我可以成为减重专家，我甚至可以开一家专为糖尿病患者设计食谱的餐厅。因为，在这个过程中，我学会了控制糖的摄取，了解了食物包装袋后面各种成分的意义，更知道不同食物引起的 GI 值反应。

不经一事，不长一智。是啊，说的人轻松，做的人可辛苦了。

除了每日扎五针,还得餐餐饿肚子。(医生说,当你觉得还要再吃才会饱时,便要停。技术上来说,开始吃时,便差不多要停止。)

如果将食物量化来计算,早餐如果吃了半片吐司,无糖豆浆便只能喝二百毫升左右,如果吃了一颗蛋,豆浆可喝多一些;午餐可吃肉、菜配半碗白饭,但肉只能吃如两根手指宽度的两到三片;晚餐也大致如此;孕妇的小小特权便是吃点心,但是水果也只能吃一小片。

餐与餐间的点心不能含糖,若是吃苏打饼干,碳水化合物十五克便等于一份糖,所以,大约是三片左右的量。

一个大腹便便的女人,居然在吃减肥餐?而这样吃下来,果然让我在怀孕第六个月时体重开始往下掉。也让我在大S的生日PARTY上,被小S的老公Mike称赞说:"陶子姐,你这胎好漂亮,跟上一胎差好多!"

算是一个不小的鼓励。

当然,自己也不是没有违反规则过。

偶尔偷吃一片不太甜的巧克力,或多吃两小块木瓜。

很奇妙的是,当我一边在管理自己身体的同时,我也一边在控制我妈的饮食。

妈妈年纪大了，又是糖尿病患者。脚掌已因伤口烂而挖出了一个小洞；左手装了一根管方便洗肾。但老人家仍然像个任性的小孩，不断偷吃。

过去当我约束她时，她总会在最后使出杀手锏对我大吼："你不知道糖尿病有多痛苦！"说得我哑口无言。

这下可好了，我和她一样了。她也没得赖，更无话可说了。

测血糖机我买了两套，每天帮她记录，然后每天再听她一直念说她吃不饱。

过了一个月，我得回去复检。

这是非常重要的一刻。要是血糖检测没过，我就得每天自己打胰岛素针。

一早便去抽空腹血糖，然后再去吃早餐。散散步后便再去抽一次血，测饭后血糖。

行文至此，仍免不了要感谢我的老公。

他无时无刻不陪着我。他企图让气氛轻松，但又警觉地随时叫我起来动一动。看得出他脸上心疼又害怕的表情，是那么怕我和孩子稍有不测⋯⋯

终于，我们看到报告了——血糖控制得很好，一切正常。

顾不得医护人员的眼光，我们两人立刻抱头痛哭⋯⋯好丢脸……但是，我好爱我的老公，他是一个那么坚强又那么脆弱的男人，老是走在我前面却又不忘伸出他的大手要我牵着他；他是那么地不想失去我，而我，也付出所有的努力去维持健康，因为这样，才能待在他身边久一点。

知道有人深爱着自己是件幸福的事，但相对的，你也必须为守护这份幸福而谨慎小心，因为，你的生命不再是你一个人的；你的喜怒哀乐，你的健康与否，都影响着爱你的人。

虽然第一个月通过了检验，但医生仍然严格要求我下个月仍要追踪，只是，营养师放宽了限制，她法外开恩地说："好啦！实在忍不住，偶尔可以吃一球冰淇淋！"

哇——我要飞天了啦！虽然只能吃铁观音口味，但这小小的一球，却让我觉得生命出现了一道阳光。

于是，每周固定有一天，我便会趁老公去上班时，带着豆豆去享受冰淇淋"大餐"。

她可以任意选着巧克力、草莓或是绿绿黄黄的新口味；我照例点着茶的冰淇淋；然后，我们便开心地边走边吃。

那小小的快乐，回想起来真是难忘。

到了第二个月，因为本人超人的意志力控制，又得到了满分！医生看到抽血报告，便激动地涨红脸说："感动！感动！

这就像你仍得星光大道的二十五分！太令人感动了！"接着，他还说："你们的评审很喜欢用'感动'两个字厚——"他真是个可爱的医生。

接着他不断鼓励我，更希望我继续少吃，未来才不会糖尿病发……言下之意，因为我有家族遗传，往后的几十年，还是得控制。

有句广告歌唱着："Always look on the bright side of life！"永远都要往光明面去正面思考人生。我的一个朋友说："你的儿子很好！你要想，他是来提醒你及早发现的。"多棒的一个想法。

现在抱着七个月大、重十公斤的儿子，看到他健壮的体格、可爱的笑容，除了欣慰，还有些许的骄傲——毕竟，那一段为时九个月的航程，是我和儿子在未知的太空中飞行，一起面对各种危险、享受各种挑战后，有惊无险地安全降落地球。

母・子・均・安。

除了自己和医护人员的努力，真要感谢赐给好运的众神。
有了孩子，才知道自己的渺小。

年少轻狂时，难免骄纵；后来才知，蝼蚁不如。很多的时刻，是由神、由天使、由宇宙、由未知来决定；原来，那便是被神的手轻轻托住的感觉。

所以，百中选一的几率，又何尝不是一个独特的礼物？

为什么要结婚生小孩

因为我们有 MC 排卵，因为我们有子宫，因为媒体、身边的朋友的暗示明示都让我们知道，终有一天，我们是要怀孕生子的。

很少人告诉我们，如果、万一，找不到适合的人结婚生子，我们应该怎么办？于是，在传统的压力下，很多人摸摸鼻子找个差不多的人嫁了，或许也生了几个孩子，但说不上来开心与否，只知道，自己像是尖峰时刻被推进捷运车厢的乘客"咻"地一口气缓缓吐出，不管车厢内是否燠热难忍，至少，自己赶上了。

但是，人生真他妈的机车！就连现代化的捷运都可能因为当机而半路卡在高架轨道上，更何况是婚姻、人心？

没赶上的人，心可慌了。会有下一班吗？多久会来？来了后自己挤得上吗？挤上了，但，那真是自己要去的地方吗？

那里，不过是诸多选择之一。坐捷运，也应该只是诸多过程之一。时候到了，挤不上，势必有另外一种可能。

所以，就算我们是雌性，天生有母性，那也只是一种基因决定。

而女人，该有女人自己的决定。

全球人口已经够多，好男人出现速度又不成正比；借精未婚生子又是太巨大不可测的未知，所以，女人们或许应该把结婚生子当成使命，而不是天命。

人生中有许多使命，可以选择要不要扛。圣女贞德和花木兰，选择了当时她们认为该接下的使命，而不是接受可能在当时更不可抗逆的天命——结婚生子。

这件在婆婆妈妈嘴里不可不做的事，其实，你自己心里比她们更清楚，自己要不要去扛；又或者，你觉得生命中有更多其他的事要忙？

如果我的女儿到了适婚年龄还不急，也找不到一个相爱的人，那么，我会去注意在工作上、生活上，有没有什么事能让她眼神发光，能让她依然有着像小时候一样快乐的笑容？或许，我也会急，但是，她一个人开开心心的，总好过遇人不淑虚掷光阴焦头烂额。

婚不能乱结

至今，还是不太确定结婚这个制度到底适不适合人性。

人很怕寂寞，人很需要爱和关心，人需要繁衍后代；又因为怕爱的人跑了、不照顾自己了，所以有婚姻，有家庭制度。

除去以上的原因之外，人还有七情六欲，不见得能从一而终；人喜新厌旧，总是觉得别人的伴侣比较好，邻居的草皮比较绿；人是自私的，偶尔可以无私地帮助别人，偶尔；人的耐性是有限度的，就算对自己的父母或是亲生子女；这些原因，便是两人长期相处的变量。

我相信，没有一对夫妻是不经过任何振荡冲突就可以相安无事的。

又要爱情、又要激情，还要亲情和温情，是多么难执行的一项任务。

再加上两人在工作、自身，外界环境等与日俱增的不同变化，真的需要气度、智慧、修养，才能修成正果。

如果你想结婚，先问自己，你能退到什么地步而不觉委屈？对方又能做出什么样的付出？把一切状况想到最坏，再决定。

孩子更不能乱生

　　有时候，因为实在太烦而对豆豆大声或暴怒，实在很歉疚、很自责。 我们已经是尽量阅读儿童教育相关书籍的父母，也与友人或老师常常互相交换教养心得，学校的恳亲会或活动更是一个也不敢漏，却在工作繁忙或个人状况不佳时偶尔还是会对孩子失去耐性。 于是，常在新闻媒体上看到小孩被虐打或弃养，也稍稍可以了解原因。在自身温饱都有问题的家庭里，孩子的奶粉、尿布都不见得买得起，更别提要打预防针、生病的治疗费用、衣服鞋子玩具……还有教育费？！天啊！请想生小孩的人一定要考虑得非常清楚，不然，会有许多悲剧发生。

怀孕是什么？孩子是什么？

有些前辈说，女人这一生一定要怀胎，生命才算完整。

这句话真是逼死一缸子女人。

搞得大家心里都有个定时警钟，很怕这辈子万一没生过，岂不残缺？

于是，我们看到了一些较有能力、有办法的女人，纷纷用借精或借腹的方法想拥有一个属于自己的孩子。

在我看来，能怀很好，不能怀就别老去想，反正，谁的人生没有一点点遗憾？

怀孕的感觉很奇妙。

初期人是昏昏胀胀的，有点懒洋洋的；及至医生确定后，看着那不到一厘米的小肉芽，很难相信它将来会是一个长得比你高的人。

前三个月体态不至于有太大的改变。

三至五个月，小腹微突。

第一胎比较没经验，肚皮也较紧，常感觉不到胎动，医生提醒才知，原来那感觉是小块胃胀气的气体蠕动，便是孩子在肚里的活动。

很多时候，孩子比老公更亲一点。

因为他就你身体里，吃一样的东西，听一样的声音；你心情好时他也舒服，心情低落时他也与你共存。

后期大腹便便，更觉得自己是袋鼠或无尾熊妈妈，走到哪儿他都跟你去。

走黑夜的暗巷也不怕，一个人散步时喜欢唱歌，更多的时候还喜欢跟他说话，说着说着，自己还会落下眼泪。

你会变得很强。

那是一种发自荷尔蒙、发自内心的强大力量，因为你知道你要活得更好、更健康来保护他；看到那超声波照片中渐渐发展出来的手、腿，和眨巴眨巴的眼睛，你除了感受生命的奥妙之外，更由衷感谢造物者的细心温柔，没让他少了什么。

生命越是难懂，越觉得自己渺小。

小得自己只能等待，只能让它发生，只能尽人事而后交给命运。

所以，你也会变得很弱。

因为看见宝宝熟睡的美好而感动；因为他对你连续发出了一串声音而惊叹；因为他克服了高烧而如释重负；因为看见他微笑而笑。因为，因为你看见了你自己，那个你从未遇到过的幼小的自己，那个不在你记忆中的片断如今却活生生地在你面前重现的自己，所以，你知道了你的过去，你的发源，你曾错过的一切。

你看到了自己，于是，你会想，该给他什么？该为他做什么？如果给他不同的选择，有一天，他还是会像自己吗？但奇妙的是，他有你的血，有你的DNA，所以，他也会有你，和你爱的人的一切，表情、说话、长相、一切。

你会毫不保留地爱上他，然后又忧心忡忡地想着有一天他会离开的痛苦。

你会问他千万遍:"你爱我吗?""会爱我很久吗?""长大会不要我了吗?"

当然,有时候,你也会希望从来没生过他。

女人会比男人更牵挂,因为,那毕竟是我们怀胎九月,历经变胖发肿抽筋夜晚难翻身尿频便秘,又要照超声波4D高层次羊膜穿刺血糖检测,还要选剖腹自然挤母奶坐月子加上千千万万个睡不稳的夜晚熬出来的小孩子,小天使,小恶魔,小小的自己。

两个孩子都还小,只能报告到这里。

但在老公和我的心里,还有好多的梦没实现。

他要带小龙去冲浪,去酒吧看正妹;我可以带豆豆去看爱情电影哭得死去活来,再狂吃冰淇淋、巧克力,然后一起去疯狂shopping。

当然,也不反对去看他们的成果发表会、演奏会之类的。

还有,他们将来有什么样的恋情?什么样的工作?什么样的快乐和哀愁?

这是我们的选择,仅供参考,少安毋躁。

自然产

就像男人谈当兵一样,我的两胎自然产体验,势必会成为我嘴上滔滔不绝的英雄事迹,也是我一生最爱炫耀的勋章。

因为读过一些研究报告,也因为医生的评估通过,于是,在第一胎时,我便决定要自然产。

此时说得干脆,其实,回想预产期前几天,还是犹豫不决。医生看着我的表情,便一手去拿电话:"我还是帮你也留开刀台好了!"

预产期的前五天,阵痛开始了。

后来想起来，自己是晚上七点进产房，九点多便把豆豆生下来了。于是便以为自己是幸福的产妇，没痛多久就结束；岂料医生说，不可能，你那天白天都没事吗？

嗯，老实说，二〇〇六年的四月二十二日清晨，自己便是被一阵绞痛惊醒。因为才早上六点多，又不确定那是阵痛还是想拉肚子，只好一个人走到客厅看电视。刚好看到电影台回放《大蟒蛇之血兰花》，边看蛇吃人、绞人，边觉得腹绞痛越来越频繁，当时，以为是电影画面太残暴的原因造成腹痛。

中午吃过饭，下午便去看房子。那是一栋漂亮的新成屋，老公和我已经去了好几次，四月二十二日，我们是准备去做最后确定的。谁知道，前脚才一离开，后脚便接到 sales 电话，说是另一位 sales 不知道，已把房子卖了。

顿时，只记得自己肚子一阵狂痛，还以为是被气的。

下午就出血了。医生说，应该还没有。

傍晚，call 了几个朋友，到家里吃炸鸡看棒球。

男人们大声聊着天、等着炸鸡；我则抓着老公的手腕，只要一痛，我便捏他；他则另一手拿着秒表，算着阵痛的频率。

鸡还没来呢，我已经发现，自己有些忍不下去了，便突然从沙发上站起，只说了句："走吧！不对了！"

男人们眼神惊恐,不发一语动作迅速地关电视、冷气、灯,赶紧护送我们去医院。

产房在二楼。当我步入医院大厅时,一阵剧痛让我弯下了腰,整个人蜷成一团,大约过了几十秒,痛一离开,便大步往前;走到楼梯口,剧痛又来袭,老公亦步亦趋地扶着我如一尾虾的身体,一起等痛离开。

就这样,一行人如同在玩"一二三木头人"般地停停走走,爬上了产台。

记得曾向医生抱怨过,为什么产台上的灯光那么亮?那让产痛更不舒服!医生说,其实你头上并没有多的灯,就是产房里的日光灯,而且,那是为了确保过程安全,所以,不能搞得暗暗的。强烈建议医院应该发眼罩给产妇。

上了产台后没多久,我便向护士求救,因为,我很想大便。

护士好心地问:"需要通肠吗?"我一直大吼:"不用!我现在就大得出来!"护士还是很专业地帮我塞通便剂并温柔地说:"想大就告诉我。"我只能再一次大声地跟她确定:"现在!就是现在!"

后来才知道,快生孩子的感觉其实和想大便的感觉是一样的,所以,医护人员才要再三确认。

但是医护人员可能不了解每个产妇的矜持,谁要在不熟的人面前一泻千里地大便啊?!更何况,唉……我可不希望他们下次看到我在电视上出现时,会联想到这一刻的澎湃……急急去马桶交差后,听说医生才很潇洒地在门口向我那群正在吃鸡块的朋友说:"还有得等呢,应该会超过半夜十二点。"

朋友则回忆说:医生宣布完没多久,他们就听到豆豆的哭声了。

事后考证,这没多久应该是一个多小时。

话说当我通完便爬回产台后,护士就发现我从一指开到四指宽,疼痛也更剧烈,当下我苦苦哀求医生要无痛分娩,他回答:"来不及了!一切都很顺啊!"再向他乞讨止痛药,他勉强给了我一些,瞬间,哇,整个超 high 的啦!

关于自然产的疼痛,想必有许多女人很好奇。

那是一种四面八方袭击而来的痛。应该是子宫收缩带动大范围的腹痛、腰痛、骨盆腔痛、四肢痛、头痛……全身无一处不痛。应该是经痛的数十万倍。

又像是被挤压、被围殴痛扁、被撕裂、被从里到外地破坏。

那是一种铺天盖地、好像永无止尽的痛。但确切地来说,阵痛一停,又觉得回到人间,回到正常的人生。

医生给的少量止痛剂有如仙药。

在最痛的时候，药一入点滴不过三十秒（老公说的），便见我脸部表情放松，仿佛升天。事后老公要我描述那感觉，只能说，药效发挥时，我整个人犹如从极苦的炼狱升入云端，疲累的身体躺在云铺成的软床上。之前的痛苦并未消失，只是远远地被抛在地面，小小地存在，痛感减轻了七八成，稍微能喘口气了。就这样反复地摆荡在极苦与极乐之间，医生突然戴起手套，并宣布要动工了。其实，在怀孕后期本应去上生产呼吸课，但因自己的疏忽而错过了。在临盆当天，还问医生怎么办。医生说，到时候我会教你！到时候？！这句话很像还没经过彩排就要主持大型颁奖典礼，会慌的。

后来我才了解，原来自己生孩子的功力远高于我的主持功力，而这也是每一个女人与生俱来的超能力。

在事后的 DV 画面上看起来，我只用了三个长到天荒地老的呼吸便把长女豆豆的头挤出来了。

在那三个呼吸里，我的脸色由白到青到红（猪肝红），而且是一口气变成三个颜色，就在气快要断时，医生才会喊停。连续的三次呼吸里，我用了瑜伽的呼吸法，就算你觉得肢体被压迫，肺和鼻已觉得很饱而不能再吸气时，还是要用想象力，想象有一丝一缕的空气缓缓进入鼻腔中，不断延长。

另外，能帮助女人生产的便是女人自己的意志力。

你要相信你能，一定能做得到。

就算不为自己，也要为了孩子。

你要用尽毕生功力，把那可爱的宝贝安全地带到人间。

不要浪费力气去骂老公、怨天尤人，那对生产一点帮助也没有，只会耗损你在最后一刻的功力。如果想让老公知道你有多痛，只要用力扳他的手指就好了。

不管有多痛，请记住，唯一的减轻疼痛的方法便是配合医生的口令，专心地用对力，赶快把小孩生出来。

三次长到不能再长的呼吸后，豆豆的头出现了，医生这时才 call 老公去看我的阴道口，老公看到黑黑的毛，以为是阴毛，医生提醒他，我在手术前已剃干净了，那是豆豆的头发，他才恍然大悟。

"头过身就过"，这句话用在生产再适合不过了。

最难的头生出来后，医生温柔地提醒："很好！接下来是肩膀要出来了，还会有一点痛。加油！"跟之前比起来，肩膀根本不算什么；小孩一被拉出来，我便看到了她的手和脚丫在空中晃，虽然事后还有许多手术缝补动作，但我却一点感觉都没有——因为老公趴在我身上哭、小孩在护士手中哭，我急得只想赶快安慰他们，别的都没时间去反应。

从晚上七点四十五分到九点五十分，本人历时两小时的头胎生产便大功告成。

就像大家知道的，自然产术后恢复较快，一天半后，为了躲狗仔，也为了避免让镁光灯到育婴室里对着其他婴儿疲劳轰炸，我便自己走下床出院了。

后来与众多过来人聊天才知道，自己算是幸运的产妇；有人痛了三天三夜想自然生，岂料还是得剖腹，等于两种痛都经历了。

小燕姐说我应该是急产体质，叫我小心下次会更快："有可能会在出租车上生的那种体质哦！"她真是神准。我的第二胎，虽不是在出租车上发生，但也快得吓死人。

第二胎因为要控制血糖，体重并不像第一胎时那样爆炸，而是刚刚好落在十三公斤多而已。

因为体重控制得当，自己便以为应该比上一胎好生。

那是一个子夜，我和老公照例上网打大老二。老公看牌，我控制鼠标丢牌。

突然，那熟悉的疼痛来了。

我在鼠标上的右手食指抖了一下，差点丢错牌。

又痛了一下，我才跟老公报告："好像不对了！"老公半信半疑，看着我还抠着鼠标又极端冷静的样子，不像要生，便回我："再等一下吧！"

殊不知老娘的习惯是不到最后一刻绝不轻言呼救，也就是说，我·真·的·要生了啦！！！

而老公迟迟不打电话真的不是因为那一手好牌，（真的不是吗？！）是因为一周前的假性阵痛已把睡眠不够的医师从熟睡中吵醒过，他觉得很不好意思。

于是，实事求是的摩羯座，一定要等到十分确定才肯打给医生。

我只好跳起来，用狰狞的表情说服他，还自己拨给医生，这才匆忙上路。

一路上的阵痛已让我感觉不对劲。

那很像是第一胎在产台上的阵痛居然在路上发生了！一路上的小颠簸让我尖叫连连，因为，任何一个小震动都好像让阵痛更扩大。

一到医院，急诊室的护士还好心地说要推轮椅给我坐，但忍不住痛的我只能一路快走一路大叫："还坐！我要生小孩了啦！"

到二楼，只见我熟门熟路地问柜台："生孩子！哪一间产房？！"

"二号、二号！"护士慌张地边走边叫。

因为有了第一次经验，所以我和老公立刻在产房中迅速更衣就位。

但就算要命的阵痛连番袭来，护士的问话仍不停："身份证？健保卡？""这份表格要签名哦！有没有对药物过敏？……"天啊！记得当时差点想飙脏话！老娘快痛死了！问这么多！！

事后也才知道，其实这也是护士要确保产妇是清醒的；要是意识不清或语焉不详，事情就严重了！

不用等我催，护士便说，医生已在赶来的路上了，因为，才十分钟的时间，我的子宫颈已经全开了。

只是，第二胎的阵痛更强烈、更集中。

对于第二胎的记忆，除了痛、就是非常痛、超级痛！痛到我这个忍痛达人都想要放弃生命的那种惨无人道的痛！

医生说，因为产程缩短，不像第一胎可以痛一阵、休息一阵，所以痛苦是一直持续绵延的——也就是说，虽然从我爬上产台开始狂痛到生出小龙只花了半个小时,但那却是战火连天、枪林弹雨的不间断三十分钟爆痛。

没生过小孩的女人请注意,要分娩时,整个产台是呈三十至四十度倾斜的,也就是说,你的下盘正在撕裂绞痛时,自己还要用双手抓住床两旁的把手,真的很崩溃。

最后,我是痛到觉得自己的腰骨快裂开了,必须发出求救,于是,我用这辈子最虚弱的声音向医生轻呼:"医生,我不行了……"

接下来的那个画面我永远忘不了。

在痛苦中,我的眼角瞟到医生的手部动作——他用左手拉开什么,然后用右手去捞,捞小龙的头出来,跟第一胎自然产出的情形很不同,感觉医生是下了破釜沉舟的决心,用了一个非常的手段。

小龙出生了!我顿时感到虚脱,好像整个人剩下一张皮囊,失去所有的感觉,只能躺着庆幸一切解脱了。手放开的刹那,多像安全驾驶宇宙飞船重返地球的那一刻,庄严又宁静,因为,再也没有任何人能发出任何一种声音。

只有那婴儿,和婴儿的父亲在哭泣。

老公说,第一胎哭是因为心疼我,站在一旁的他又自觉帮不上什么忙，所以就哭了。

第二胎哭是因为近距离看到儿子被抽口水、吸口中秽物而心疼，总之，那惊心动魄的夜晚，虽然历时不长，却是我们常常回忆的话题。

后记

对于自然产，很多人一定会问：会变松吗？

No, baby, no way！可以自己用各种运动恢复的，别怕！

另外，我要在此好好谢谢老公。

你知道当一个女人在怀孕和生产甚至产后，是多么需要有人陪伴和疼惜吗？

李仁在我怀两胎时，都在初期工作、后期陪产；二人吃吃逛逛，不亦乐乎。

而每次产检，他也都没缺席，多难得？两胎的每一次产检，全勤耶！

掌·声·大·鼓·励。

当我有妊娠糖尿病时,是他陪着我;血糖检测过关时,也是他搂着我抱头痛哭。只记得当时中山医院营养组林组长说:"你很幸福了!很多产妇都是一个人来检查、一个人听报告、一个人哭。"

羊膜穿刺时,是他紧握我的手给我力量;4D 超声波,我们听得一知半解还差点一起睡着;当 DNA 报告出炉,孩子是健康的,我们更抱在一起谢谢老天爷!

生完第一胎,他又忙又累但也只能窝在小椅子上勉强睡一晚,隔天还要用他精湛的演技骗开狗仔好让我们母女平安离开——当然,免不了被媒体嘲讽一阵。

生完第二胎,他在隔天立刻使出乾坤大挪移,神不知鬼不觉地搬了新家,让狗仔拍不到;还要照顾正在上幼儿园却重感冒又找不到妈妈的心慌大女儿豆豆……只能说,得夫如此,何德何能?

在台湾,仍有大部分的男人活在过去传统的父权思想中,"男主外、女主内"的典型家庭模式仍在主流的观念中当道。

因此,我的老公可谓一夫当关,毅然决然地力排众议,在舆论压力下默默选择全心为家庭付出,因为,他太爱家和孩子,也深知此为权宜之计——总得有人牺牲。

于是,他牺牲了工作上自我成就的大好机会,他牺牲了过去自由的冲浪人生;他很专心地向前看,尽量不去听旁人的闲言闲语,因为,他是这么地爱这个家。

有一次,我在整理豆豆的一些照片,其中有一段影音画面是豆豆在沙发上学爬行。老公很惊讶地问:"这是什么时候?我怎么没印象?"当我告诉他,他那时在拍戏时,他竟很懊恼地说:"我居然错过了……"

天晓得他是个多么尽责的父亲,孩子的饮食起居他都了如指掌,身高、体重、排便颜色、喜欢什么、不喜欢的又会有什么表情;记得打预防针的是他,尿布、奶粉的量也是他掌握,教孩子骑脚踏车、吊单杠,还帮孩子洗澡、读故事书……

我知道现在其实有不少男人都如此地做着,而且可能都做得比妈妈好,真的很感激这些真男人、好男人的付出,才能让女人稍减压力和负担,也才能让下一代的孩子有更多的天伦之乐。

两胎生完后,老公为了体谅我,怕我吃避孕药会有副作用,又怕装子宫内避孕器对身体不好,更怕一不小心又怀孕我的身体会受不了,因此,他选择了所有大男人都不会去做的结扎手术。

　　我想，大部分男人对于结扎手术还是有诸多不好的联想：阉掉、性无能……

　　我不能骂那些不愿去动结扎手术的男人是自私鬼，因为，那毕竟有很多难关要克服，也真的很令人恐惧却步。

　　所以我说，我的老公，是男人中的男人，是为了爱他的女人、家人，愿意赴汤蹈火、在所不惜的勇者。

　　那是需要多大的勇气才做得到的事情。

　　第一次觉得，我爱你这三个字是多么的微小，每天说也不够。不够补偿他所失去的，不够他所做的千万分之一。

　　但还是要说，爱你，老公。

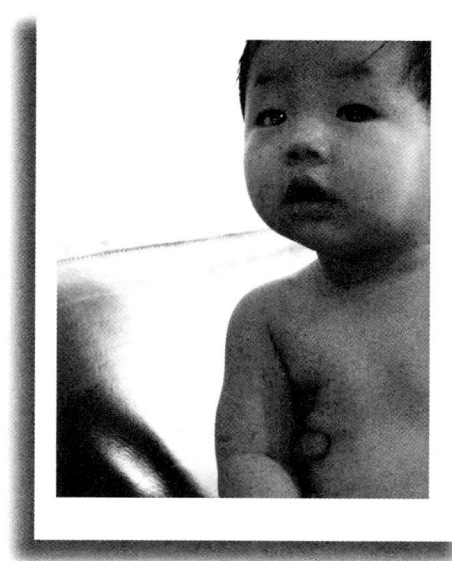

一切以自己为名

　　许多流行的议题都强调要找自己、做自己、爱自己。问题是，什么是自己？

　　自己，是完完全全地只指一个人的自我，或是出生后所有关系连结下的自己？

　　我的意思是，人并不是只有单纯的一种身份；你是父母的孩子，你是朋友的朋友，你是同事的同事、同胞的同胞、同学的同学……所以，到底该用多大的范围去定义"自己"？

　　人因为有这么多关系而丰富，也因这么多的关系而压力倍增。

你不想让爱你的人不开心，所以多做了一些"自己"过去不会做的事，难道，这样就不叫做自己了吗？在你的爱人面前，"爱人"这个身份便是你自己，一个因为这段关系而多出来的新的身份，新的"自己"。

有时候，身份多了，责任多了，要处理的事也更复杂了。于是，有人说，去找自己，让自己快乐。但我相信，十六岁的人说这句话时，必是眼神亮亮的，说出好大好远的梦想，或干脆骑着单车去环岛，单独睡了几个陌生的地方，和几个不认识的人听着海浪、交换着青春的故事，然后满足地回家，感觉找到了自己。若是三十六岁、四十六岁的人呢？自己，已不是一个单纯的个体，也不能切割那些关系或感情，突然的离开或壮游，势必引起不小的担心和骚动。

而且，到了一个年纪，很多身份是不容许你"离开一下"或是"找自己"的。

四十岁的我，有家，有老公，有两个小小孩，那么，自己是什么？那个十六岁的"自己"又在哪里？

过去的那个自己，一个人工作（当然，还是有很多专业团队的帮忙）、一个人玩乐；除了例行公事，偶尔颠倒秩序，违反常规，算是跟自己对话、释放灵魂的自我时刻——不抽烟的我叼根凉烟、不爱喝酒的我坐在 Bali 海边点杯 mojito 看着绚丽的沙笼飘呀飘。或读一本原文书，查两个字后便戴上太阳眼镜、把书压在我的比基尼上，然后点一份最浓的巧克力甜点过个瘾，再昏睡到自然醒来吃份 BBQ 海鲜……

现在的自己，因为多了为人妻、人母的角色，那多出来的深思熟虑，已不是单纯的单身思考，已不是热血莽勇，那多出来的自己，也是个新的自己。

很多人说，他们是在当父母后，才开始学习如何当父母的；但他们却没说，这是一件任重道远且常常分身乏术的工作。

刹那间，我有好多个我，而只有那少少的、可喘息的片刻。方才惊觉，那十六岁的我，是很难再见到了。

记得刚生完第一胎时，拖着产后疲累的身躯还得四个小时喂一次奶，对于该不该喝水、洗澡又很拉扯；看着镜中松垮又臃肿的自己，无助感爬满全身——难道，这就是往后我的写照？

我哭了。因为我不确定我会不会做得来，能不能胜任。好多好多过去没碰过的事杂沓而至，好多好多过去的自己要功成身退，脱下过去的彩衣，换上新的战袍——未来，是多重要的一役?

事前的想象和真正的发生,天·差·地·别。

　　我的世界彻底改变,全然的自我思考,已经成前朝元老。孩子生了,塞不回去;未来的二十年(至少),还有往天涯单飞、逛个跳蚤市场,再看看郁金香绽放的可能吗?

　　突然可以了解现代女人为什么要在产后疯狂减重力拼辣妈形象了。

　　如果还穿得下二十四腰围的牛仔裤,如果还能保持零至二号的身形,如果走在路上还能被年轻人多看两眼,那么,好像过去的自己并没完全被放弃,还能和美好的青春有些许连接;或许,在女人心底更深层的潜意识,应该是对被称呼做"妈妈"的恐惧吧。

　　上一代的女性在婚后、产后,很自然地就变成了太太、妈妈;在连续剧、小说,甚至流行歌曲中,生过孩子的女性大部分被形容成人老珠黄变了样,好像一做了这些事,整个人生便与年轻貌美、欲望,甚至许多享受生命的权利做了完整切割,好像一生完小孩,人生就只剩下养小孩长大和等老公外遇。

或许就是基于这些害怕，以及对多重角色的未知，女人们才会踌躇不前。

男人常对女人的反复无常大叹"女人心，海底针"，是啊是啊，如果女人也能像男人一样简单，我们也不想天天烦男人。

男人生在这个世界上，几乎只有一件事——征服享受、享受征服。

面对结不结婚，男人们最大的恐惧应该只有——会不会失去自由？而且，虽然婚后多了个戒指、变了个身份，但男人在外表上看起来，跟单身时并无两样。

当然仍然有一部分的男人愿意分担家务，甚至身兼母职，值得鼓励，但毕竟是少数。而且，就先天的生理构造来说，男人没有像女人那么多的复杂机制，自然少去许多荷尔蒙的干扰。

男人的困扰多半来自成就与否——学业、事业；有时候，甚至不用顾及品德、人格、自我的修为，因为在男人至上的社会里，胜者为王，事业有成便能盖过一切——除此之外，感情、家庭（甚至同时拥有好多个），都不太在男人成就范围内被评分。

所以，男人如何能了解女人的担子有多重？又如何能了解当女人身兼数个角色的难为程度？

如果，女人身上的数个角色能被量化分配，或许男人便能稍微体谅、将心比心。

比如一个女人同时有太太、母亲、女儿及工作上的角色，那么假设我们可以把数个角色的特质分类条列：温柔、可爱、贴心周到、严厉、果决、专业、勇敢、如情妇般的大胆、如补习班老师的效率等等，然后在每个角色上身时设定不同比例的配方：当妈妈时，要有百分之五十的温柔、百分之三十的贴心周到和百分之二十的严厉。面对老公，要有可爱、温柔、如情妇、如初恋情人、如名厨、如神般不可得的新鲜女子……再假设有个开关，一按便改变女人体内的设定——这也不是多科幻的未来，男人们，这便是女人们天天在做的事。

因为男人不喜欢麻烦，就算他们知道女人的辛苦也会不知所措，所以，女人大多把自己搞定，再出现。

女人极疲累时，常会崩溃地抱怨："我为这个家，为孩子、老公，做牛做马，自己都牺牲掉了！"其实，那只是一种抱怨，女人打从心里便接受这样的自己。

只是，当男人想要逃避生活和工作、家庭的压力，也崩溃地抱怨没有自己时，大多数男人都在欢场或外遇身上找到解脱，那未免太以"找自己"之圣名，行践踏自己之实。

20's something

有人说，二十岁已经是成年人了；但以我来看，二十岁，还好小好小好小。

在我看，二十岁和三岁差不了多少。三岁的孩子，会自己大小便了，会问问题、发表意见了，但任性的时候不少；可是，大多时候，仍可用玩具、糖果搞定——所以，二十岁比三岁多一点的是，他们可以到更远的地方，但却仍然像个孩子般容易受伤、任性，对人情世事一知半解，还很小，still very young。

Girls at 20

去探索、去玩、去奔放,偶尔疯狂,别太失控。

恋爱最好能谈个四五段;别想在这个时期结婚,因为你自己的经验不够,判断就会失准。

先用你的本性、野性去恋爱,再从每一个不同对象身上学习,然后修炼自己。

少跟男友去逛家具店和市场,别沉浸在那种两个人好像新婚夫妻般的幻想里,你会害死自己。

当然,看着他时眼神还是要专心地迷蒙,但心里要冷静地告诉自己:"等一下,再等一下,他有可能只是过客。"

多去旅行、看书、看电影,多去做一些你梦想中想做的事、去你梦寐以求的地方,因为在二十几岁不做,以后可能没机会了——就算以后有机会,那感觉是不会一样的。

累积各方面的经验:工作经验、恋爱经验,被骗、吃亏、受害的经验,还有,性经验。

二十岁的女孩,体力正好,多去体验。但不是要你去滥交。

有些事,还是要三思。

比如说刺青，比如说整形。

人的长相是会变的，气质也是，多给自己一些成长的机会，不要轻易改变你的容貌。

二十岁，有什么好怕的。

Boys at 20

去玩吧！小公狗！

30's something

男人三十，正是决定他事业是会有前景或仍将庸庸碌碌的恐慌的时候。

这时的男人，正需要工作上的强烈肯定，因为，三十岁，也不算小了。若这个岁数的男人对前途一片茫然，必定无法对感情有所承诺；若男人事业大有可为，对感情更是无法安定，因为，他要全力冲刺。

女人三十，冷静多了，经过二十几岁的跌跌撞撞，女人突然发狠似的丢下对感情的渴望，全力冲刺事业，像个男人。

Women at 30

轻熟女，应该是这个年纪的女人最佳形容。二十几岁，还算嫩；三十岁，有些人认为该拉警报，有人认为，正是女人各方面都成熟的巅峰状态。

经过了二十岁的嫩呆土笨，也看过了职场上和情场上的风风雨雨，三十岁的女人，更懂得人情世故，也更懂得如何运用自己的魅力。

三十岁的女人，更加自信，却也更加自卑。自信源于上一段所言，自卑来自身边许多叫自己姊姊的二十来岁的青春小鸟。

但自卑和自信往往在一念之间。相信聪明的女人懂得正面思考的强大能量。

三十岁的妇人也开始了解，生命中的缘分可遇不可求。若求来的是个负心鬼，对自己的消磨怕是三五年也无法恢复元气。

于是，女人三十，可以稳健地在工作上求表现；在感情这一方面，则可更气定神闲地静观其变。

感谢医学美容和化妆品科学的发达，让女人可以永葆青春、延展性吸引力的年限；感谢姊弟恋大流行，只要不拿出身份证，姊姊和弟弟仍可以卿卿我我；感谢许多三十好几的名女人充满魅力，让社会改观；感谢更多三十的女人，努力地活着，像朵美丽的花。

不过，属于三十后段的女人，若还是单身，便得考虑一些重要的问题。

作家李昂曾公开表示，她很后悔自己没能生孩子，待时机已过，便觉此乃一大遗憾。

我不确定众人传诵的"女人要结婚生子，人生才算完整"是否正确，因为，我不知道"完整"的定义。但我确定的是，结婚生子可以让细腻懂爱的女人认识更大的爱、更多种类的爱；借用牛顿的话来比喻便是——没生小孩的女人就像在海边拾石头的小孩，而生了小孩后的女人知道，身边的大海才是爱真正的范畴。*

生小孩不只对自己的身体心灵造成改变，更能改变人生观、思想、生活方式，了解爱的牺牲、奉献，也能在对自己最不利的时刻微笑以对，甚至给伤害自己的人一个拥抱。

除了这个问题，女人三十，真可说是花样年华般的自在自信自由。

Men at 30

这时期的男人极需要工作上的肯定，薪水的肯定、头衔的肯定。大多数的男人，在这个时期会有一段已走了一阵子的恋情，但男人们，很少会把这件事列为成就之一。

偏偏在走了一段的恋情的女方，大多需要听到来自"三十而立"男友的承诺——承诺未来、婚姻、孩子。所以，冲突往往产生。

很多情侣会在这个阶段分手。通常是旁人看来很稳定，至少五年以上的恋情，却在这个时期戛然而止。因为女人的生理时钟开始逼得她们焦躁，而男人不是正在冲刺事业，便是刚刚在工作上站稳，那初初有点小成就的时期，如何能安心放下战场？或者说，如何分心去走入家庭？

对这个时期的男人逼婚是非常不智的。

当然也有例外，那就恭喜。

但是，男人啊，请张开眼看看世界、想想人生，再不然，去看一部亚当·桑德勒演的《命运好好玩》，你就会从传统父权价值观中跳出，好好地想一想该如何抉择生命中工作与人生的比重。

千万不要到退休后才发现自己根本还没多抱抱、亲亲自己的小孩,他们都早已长大,也早已习惯爸爸的缺席和冷漠,而那时失去工作的男人,便如无头苍蝇、惶惶终日不知所措。

生了孩子,却没有与孩子的共同回忆,人生算是做了一件很大的错事。

* 牛顿晚年时树大招风,曾被某些新锐科学家质疑。但他从容大度地说:"我只是个在海边独自玩耍的小孩,偶尔会为捡到几个漂亮贝壳而欣喜若狂,却对眼前浩瀚的真理大海一无所觉。"意思是说,你们连贝壳都没看到,又有什么资格说长道短地评论别人。

40's something

男人四十与女人四十有多大差别?

男人看起来意气风发,女人的眉眼嘴角透露着些许不安——其实,两者心里想的事是一样的。只是,雄性不习惯示弱,所以他们要用仅存的精力继续追逐,让自己像二十几岁那样,证明自己是只快乐的小公狗;而女人,被动了一辈子,总算在夕阳无限好时,展现了猎捕的姿态。

所以,四十岁,让男人女人变成同一种人。

Women at 40

一样是那间意式餐厅，一样是叽叽喳喳的声音夹杂高分贝笑声，Liza、Olivia、Vicky、Emy，又聚在一起了。

这几十年来，她们习惯坐在同一个角落，分享着彼此生活上的点滴和秘密。

Liza 先投下一颗炸弹："Emy 暗恋一个人喔！新菜色！"被姊妹爆料的 Emy，兴味盎然地接话："我是在上海看到他的，一家 Pub，他太迷人了！好想和他上床！"

Emy 带着一个女儿，三年前离了婚，至今仍独自一人；只是，刚进入四十的 Emy，言行越来越大胆奔放。她继续说道："他是一个爵士歌手，声音好性感好有磁性，哦——，他一定是个 great fucker!"

女人们被 Emy 的热情搞得尖叫连连，更企图用网络人肉搜索的方式查那男人的底，帮 Emy 找寻第二春。

就在大家争相献计时，Olivia 提醒大家："你们最近打了没？"

Liza 嘟起她的嘴唇，有点懊恼地说，她自己觉得不太满意。

Vicky 在一旁评论："我觉得你打太少啦！但是蛮好看的。你们知道那个 Gemie 吗？她刚打完，嘴唇还是紫的，自己拿过镜子一看，很骄傲地大声说：我觉得狠——美——丽！！"

Olivia 快笑死了，不过，她认为，进入四十的女人，总是要来几管 Botox，"永葆青春嘛！不然，年龄一下子就被看出来了。"

突然，Vicky 有点生气地说："我最讨厌那个脸上有一颗瘤的制作人了！"

话锋这么一转，大家都好奇地洗耳恭听。

Vicky 说，有一次她看到那位制作人在电视上高谈阔论："我最受不了那种四五十岁的女人，明明就一把年纪了，出门还要穿短裙配马靴，装什么年轻啊！……"

Vicky 讲到这儿就已忍不住大吼："我整个衣柜都是短裙和马靴！天啊！我恨死他了！讨厌！"话才说完，Liza 已经整个人狂笑地跳起来，展示她的短裙和马靴给大家看，四个女人忍不住笑弯了腰。

"不过，言归正传，"Liza 正色道，"为了 Emy 的幸福，我们找个时间再一起去听歌，然后请那个歌手喝酒，把他灌醉再交给 Emy！"

Emy仿佛已经倒在那歌手怀里般的沉醉，其他三人已经开始对行事历要乔时间了。

突然Olivia想起了什么，"啊，我怎么这么笨！我认识那家Pub的老板啊！"边说Olivia已经边拿起手机，开始"人肉搜索"。

几分钟后，Olivia带着胜利又神秘的微笑向大家宣布："巧不巧，那歌手今晚在台北表演！"其他三人忍不住捂嘴尖叫，Emy更是着急地问："那他结婚了吗？有没有女友？"

Olivia啜了一口咖啡，慢慢地吊大家的胃口："他……他……刚和女友分手！"

"Yes! Yes!"女人们纷纷做出拉弓和击掌的动作。"那么，"Liza开口了，"就今晚去吧？"

Emy眼中闪着兴奋的神采，立刻打电话约了Spa和她最爱的发型设计师Andy，"我要美美地勾他，让他今晚就上我的床！"一阵欢呼，四人干下最后一杯香槟，庆祝今晚Emy可能不用再一个人睡……

一个幻想的浪漫，让四位熟女恢复了少女时代才有的青春活力，更让女人们积极地要让自己更美、更能抓住生活中那稍纵即逝的欢愉。女人，真可爱。

Men at 40

又是一样的牌局，四个大男人每个月总要在 Ken 的豪宅来上八圈。

其实，二十几岁的时候，四个人一见面不打三天三夜是不会停的。但随着年纪越来越大，体力越来越差……哦，不，应该说是"乐趣"变多，所以，牌就越打越短。

Fran 如今已是个大老板，却坚持不要打太大、太久。"上次被 Chris 上诉了一将，回去被我老婆念死，拼命查我的手机，闻我身上的味道……厚——，拜托今天别闹了！八圈就八圈，OK？"

阿 U 听了便很白目地说："看吧，结婚真的是枷锁、是坟墓，像我，多好，多自由！"才刚离婚的阿 U，似乎对自己的决定沾沾自喜。

Chris 是个已四十好几的熟男，在广告界有天王级的地位，外表高大帅气的他至今未婚，所以，Chris 仍是女同事们狂流口水的对象。他忍不住向 Ken 抱怨："Ken，大家都是好友这么多年了，最近，你怎么都不搞名模趴了？"

Ken 是个小有名气的经纪人，旗下有些帅哥美女，常常利用职务之便，找到些非常想红的年轻妹妹来喝酒作乐。Ken 叹了口气："是你不甘嫌！哪有什么名模？不过是拍过一些目录，或是 show girl，一点名气都没有……"

Chris 立刻接话："没名气没关系，敢露敢玩就好！"一旁的阿 U 也尝过甜头，开心地说："那些妹太上道啦！才喝两杯就说要玩猜丁字裤和内衣的颜色，一点也不啰嗦。"

但阿 U 没好气地接着说："唉，这些妹妹玩起来很大胆，要起东西更是直接！"

原来，一群中年男子想利用自己的名声、地位把嫩妹，却没想到，嫩妹也乐于用自己青春的肉体交换一些名牌的享受。

阿 U 透露，有一天，一个自称名模的小咖和他玩了几次，便打电话嗲声嗲气地："我在一家 ×× 店，看到好多适合你的衣服，快过来试试！"阿 U 一听，心中大乐。虽然那是家昂贵的高级定制店，但女模显然有心进一步交往，不然，怎么会替自己设想得如此周到？

当阿 U 飞车赶到时，只看到女模为他挑了两件很普通的衣服，另一端，却有一堆如小山般的女装和包包。一开始，阿 U 以为女模会自己付钱，没想到，女模像鲨鱼般继续在店里巡游,却刻意避开那堆衣服和收银台……

店员一直赔笑,女模也没再拿新衣服,阿U一直坐在沙发上也赔笑……这样僵持了几十分钟,阿U实在觉得尴尬极了,只好站起来付了一大笔钱,

"哇靠!我付完那次钱才又跟她睡了一次,她就说她的心情很乱,想要冷静一下,就不联络了!"

本来一路纳闷的Fran这时发出了嗤之以鼻的笑声,"活该!天下有白吃的妹吗?你们啊!小心夜路走多了!"

Chris也笑了出来,"我也中过箭!上次Ken找了那个拍过广告的'名模'出来吃饭,她看到我桌上的汽车钥匙和百万名表就黏上我了,挺识货的!"阿U耳朵竖直,急探下文,"然后呢?"

"后来?"Chris没好气地说,"跟你一样啊,不过,剧情丰富了一点。"原来,那"名模"一开始就铺梗,说自己和男友刚分手,孤单又没人疼,讲得Chris心痒痒的。两人要好了一阵,女模便消失;等好不容易找到人,她又说前男友又回来找她,让Chris急得找她出来吃大餐,还献上一块钻表。于是,那女模笑了,又"可以"先不理她前男友了。

后来,只要一阵子没送礼,那女模的前男友就又会很恰

巧地出现，就这么一直恶性循环，直到 Chris 惊觉那女模犹如诈骗集团的手法实在太会吸金了，才停止上钩。

一旁的 Ken 有如江湖老手，一边大笑一边消遣他的朋友："你们也太天真了吧！现在的妹就是看你们这种事业有成的中年人什么都有，而且体力普遍不好，只要跟你们稍稍搅和搅和，你们什么都能给，是最能让妹简单获利的大头，所以，你们才是她们眼中的肥羊。"

阿 U 和 Chris 听傻了，原来，他们才是待宰的一群？

Ken 接着说："现在的妹很聪明，她们看准了你们这一群自视甚高的中年人不屑花钱买春，所以，她们只要花点时间跟你们玩些恋爱游戏，再跟你们睡几次增加说服力，你们就信以为真了！"

Fran 止住大笑，揶揄地说："没关系啦，U 董、Chris 董，反正你们付得起啊！"

Chris 不解地说："可是，她们当中不怕将来有一天有名了会留底？"

"留什么底？不是看起来像段你情我愿的小恋爱吗？"Ken 老到地说，"而且，你们这个年纪的人对上床的看法还停留在石器时代，她们这些小妞早把上床看成是续摊的必要过程。你们沾沾自喜,可是在她们眼里,不过又是一个外表很高级、内心都一样的……还是别说太糟的形容词好了,留点面子给你们,哈哈!"

Fran 此时毫不留情地宣布:"自摸!Nico Nico,各家二十台,外加三朵花,二十三台拿来!"其他三人气愤难平:"可以不要趁我们在聊妹的时候做这么大的牌吗?"

Fran 装模作样地说:"各位大哥,别生气,各家不过几千块,比买给名——模的一个包还便宜哦!"话才说完,Fran 便遭到一堆筹码的猛攻,丢得他满身都是。Fran 夸张地说:"好爽!好爽!再多丢一点!"

阿 U 显然是有点沮丧了,但那颗追寻青春肉体的心仍未停息,"管他的!我要继续把名模嫩妹,继续我的长生不老之旅!"

Chris 也摸了摸鼻子,"反正,各取所需嘛!我们要正妹陪玩,正妹靠我们装点门面,心照不宣,OK 的。"

Ken 对他们的答案也不惊讶,因为,这就是这群男人的"恋爱"之道,不断地"付出",让大家都开心。

男人四十,原来是嫩妹最喜欢钓的一群;如果享受过欢愉,又何必计较真心或假意?既然妹妹们懂得满足四十岁男人的虚荣心，不也让这群男人多了些热闹的日子和最怕失去的被需要、被肯定？

一向狩猎的男人，在四十岁，也成了猎物。

PART 2
W's Stories

love

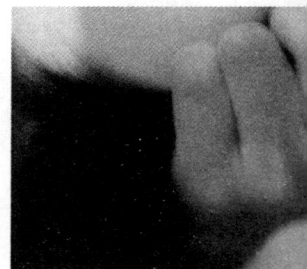

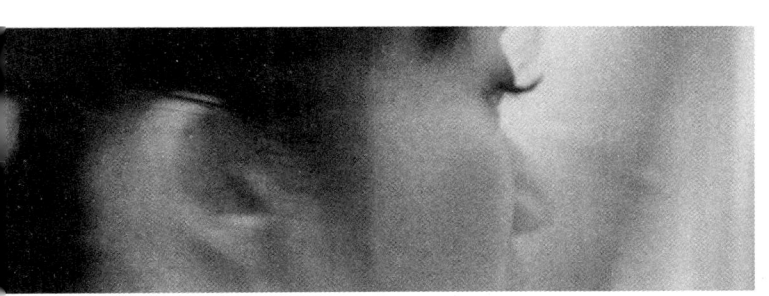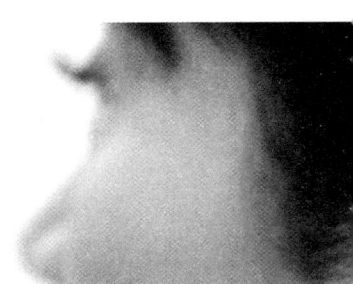

  因为人生不能重来，所以我们需要别人的经验来防止自己浪费青春、走错路。
  但是，爱情这条路，每每碰到了抉择的关口，女人总是义无反顾地往前去了；而那前方，是女人凭着一股愚勇，向着最不利己的方向，凭着与生俱来的直觉就去了——就算直觉快速地盘算过一切并不乐观，女人还是去了。
  这一去，要花上几个年头？又有多少的眼泪要流？
  我相信女人总能在最后获得些什么，就算一段失败的爱情，也能让女人更成熟、更强韧。
  但在此提供一些真人实事，让为爱前仆后继的女人们看看，能不能减少飞蛾扑火的惨烈，在有限的青春里，找到真正相爱的人。

A 的故事

有一次，我们的一个朋友在街上碰到 A，吓得不敢上前认她，因为，朋友说，A 整个形整得太夸张，根本不像她原来的样子。

A 是那种天生面容姣好、身材火辣的典型辣妹，她只要一在各大 PARTY 出现，都让人目不转睛，更会叫大家窃窃私语猜测她是哪个名模或是刚出道的艺人。

这样一位在外表上得天独厚的女子，哪里需要整形？光凭这点线索，我便推断她的爱情生活仍然极端不如意，甚至惨到谷底。

多年前，我是先认识 A 的男友，然后才认识 A 的。当时，实在很纳闷为什么 A 会和她男友在一起；她美丽痴情，他则是痴肥多情。年轻的她一心想要嫁给那男人，不但勤学厨艺还找起了房子，打算与他结婚共度一生；与此同时，A 的男友仍然流连夜店，拈花惹草的事迹也不是新闻……这一切，A 都知道，只是，她选择隐忍，她选择痴痴傻傻地待在他身边。

A 的男友是那种典型的浑球。

他唯一的好处是家里有点钱。但因为他爱名酒、跑车，三不五时又买个名牌包包向女友道歉，很快地，便入不敷出了。

唯一的优点不见了，A 的男友成了十足的大浑蛋。

他开始向 A 借钱，然后，更得寸进尺地挥霍起 A 的钱。因为工作不顺利，他喝酒喝得更凶了。不知从什么时候开始，朋友间没人看他清醒过；白天是醉的，约他吃个午饭，他便醉醺醺地驾着百万跑车现身，晚上喝得更凶。A 虽然亦步亦驱地跟着，仍劝不动他。

后来，如八点档般的剧情便发生了。

每个夜店从欢迎他们，到变成有点怕他们。

A 的男友本来就素行不良、吃相难看，每次一进夜店就开把，几乎只要是穿裙子的，他都伸出咸猪手，摆出一副色胚脸地大胆求欢。一开始，A当他是喝醉了，顶多在一旁碎碎念；有一次，A实在忍不住了，便在Bar台破口大骂，骂他，也骂他把的女人。

霎时，整个夜店都凝结住了。大家全往他们的方向看去，男人可能是觉得没面子，愣了一会儿，突然抓起杯子就摔。没想到，A不放弃，她那美丽的脸上出现了前所未有的狠劲，似乎想在这一笔讨回所有的前债。

A真不了解自己的男人，她忘了，他是全世界最典型的浑蛋！

可怕的事情发生了。

男人开始扁A。他恼羞成怒地推了A一把，A不甘心，继续狂骂——夜店里的人当时都为她捏了把冷汗——说时迟、那时快，男人抓起A的肩膀便往墙上摔！A又痛又狼狈地跌坐在地上，手上还被玻璃碎片割了几道，她开始放声大哭，男人气急败坏地诅咒了几句便仓皇离开现场。

他们身边的朋友想，这应该接近终点了。因为整个台北城的夜店人口，没有人不知道这件事，能有幸亲眼目睹的人，更是绘声绘色地口沫横飞，把事情给传开来了。不但是名誉扫地，A更是哭得呼天抢地，因为，自小是独生女的她备受宠爱，她爸不但从来没打过她，连对她大声都舍不得。A漂亮的大眼睛被撞肿了一只，肩膀有抓伤，臂部和大腿也有刮伤和擦伤。

她在找我们泣诉时，看起来是那么楚楚可怜、心意已决，决定要离开那浑球！

如果当时我们有点警觉的话，便不会口不择言地说了那么多。

后来，A 还是和那男人复合了。

通常，如果姊妹淘开始执迷不悟，你也只能默默地目送她进去那无间地狱。

A 选择陪在那男人身边，因为她说，男人清醒的时候对她还不错……还有，他会买很贵的包包送她……

又过了一阵子，听说他们快结婚了，听说 A 逢人便说那新房里的设计装潢是她花了多久时间搞定的，一脸喜气，好像雨过天晴般的充满希望。正当朋友们以为尘埃将落定，A 即将获得她想要的幸福时，又出状况了。

原来，A 的男人因为工作的关系认识了一个大陆女生，那女子在社交圈是有名的花蝴蝶，自己已有了未婚夫，却勾搭上了 A 的男人；不知那女人是用了什么迷魂功，居然让 A 的男人狠心舍下 A，远走他乡。

再次看到 A 时，她一脸憔悴、黯淡地诉说情伤："他说，那女人很可怜，常被她未婚夫打，所以他想要保护她。"好讽刺！那么，谁来保护 A 呢？

"他说，房子他不要了，"嗯，因为房子是 A 付的钱，

"但是他想把装潢费讨回去……" A 看他可怜，于是便凑出了几百万，汇给了男人。

这段恋情，花了 A 六年的青春，和难以估计的财产损失。

后来，A 交了几个男友，都不是对的。而她上夜店的次数也越来越频繁，酒也越喝越狂。

这样的日子，直到 A 的爸爸过世才结束。A 说她哭得死去活来，一半是因为父亲的离开，一半是因为她觉得如此糟蹋自己很对不起爸爸。

朋友们希望她越来越好，便对她隐瞒了一些事。

有关那男人的事。老梗，没创意，但是是事实。

那浑男人被大陆花蝴蝶耍了一圈。原来，她跟每个男人都说："你好有才华，我好崇拜你！"还有："我好爱你，没有你我怎么办？"

男人发现自己不是唯一，伤心欲绝，整日烂醉如泥，突然，他被诊断患急症，差点被宣告不治；后来，命捡回来了，人就顿悟了。

他变成一个好男人了，最近，要娶一个小辣妹了！

A 所得不到的，小辣妹花不到半年便得到了。

大概可以了解 A 为什么要去整形了。

MOMO'S NOTE

俗话说，浪子回头金不换。

也有人说，有些女性在谈恋爱的时候，习惯以"救世主"角色出现——不断牺牲、奉献，企图极度委屈自己以求对方能不再匪类，浪子回头。

于是，女人不断与男人上演"救世主与浪子"的戏码。

但是，救世主分两种。

一种被浪子重伤，另一种，得到千锤百炼的回头浪子。

女人应该都希望最后能修成正果，那么，便要注意时机问题。

一、两个坏女人不至于打击得了浪子，通常人在面对重大意外或变故时，才会痛改前非、洗心革面。

二、男人体力好时不会想定下来。血气方刚的小子进入酒池肉林，当然要好好败坏一下身体，二三十岁的浪子，没玩够、没被吓够，便还是一枚浪子。

三、浪子的头还没回过来时，可以伤人无数、杀人于无形。

所以，偏好浪子类型的救世主们请注意，你要变成战火中的炮灰，还是最后收复失土的将军？

一将功成万骨枯。

女人太相信感觉，往往一谈恋爱，便把大脑放在一旁弃而不用——你到底企图感动谁？救救自己的小命吧！

浪子不是不能爱，但要选对时机进场。

C 的故事

C 从事传播业,做过不少节目。

她的爱情故事很简单,一下就可以讲完。两段恋情,各谈了八年,一段是初恋,一段是前夫。

她以为会嫁给初恋,却没想到那男人偷偷爱上自己的好姊妹;也在她搬出两人爱巢后没多久,她收到两人的结婚喜帖。

像是一个已被医生宣告死亡的人在过马路时又被撞断两条腿。

那一阵子，C上班时都是红肿着双眼、魂不附体地在同事间移动而已。

她觉得自己应该不会再恋爱了。因为，她信心全失，觉得自己不够美、不够性感、不懂魅惑、不会勾引。

后来，她碰见了他。

两个人简直是为对方而生般契合。他们都爱看书、爱旅游、极简主义，到东京不买衣服买鞋，他们买卡片，或素素的咖啡杯。他们经过转机，转了好几趟车，只为了去那个叫做"幸福"的车站。

他们喜欢同样的歌手、看完电影后可以聊整个晚上……C又活过来了，她深信，那男人就是生命中那个可以一起走一辈子的人，于是，他们结婚了。

C是一个没什么情绪的女人，朋友们很少听她谈起婚姻生活，但可以从她每年固定安排长假出国得知，她和老公过得不错。

后来偶尔也听她谈起过要生小孩的事，大多是只聊几句她便沉默。

于是，朋友们以为一切都好。

直到有一天，她又用那种行尸走肉的速度开始移动时，我才发现，应该有什么事不对了。

公司人多，C 不方便说。下班后，她在捷运站打电话给我："我离婚了。"

C 不想让太多人知道，所以她选择静静地承受这个痛苦。她努力循着正常的轨道，跟上大家的速度，下班后，再独自面对又一次的单身生活。

C 说得平静，但事情的背后却有如一出八点档。

C 的公婆想要小孩，C 的老公不想。但她老公畏于长辈的压力也不敢在父母面前说实话，于是，公婆便一口咬定是 C 想要快乐的两人世界而不愿怀孕，所以，每天的家庭生活便充满了怨怼、争吵（或者应该说是咒骂，因为 C 从不敢回嘴）。直至公公重病，对 C 咆哮，C 终于崩溃，选择离婚。

难道，没有其他的解决方法了吗？

C 说，因为她是教徒，婚前不能有性行为；直至婚后，C 才惊觉，她老公不是 Gay，但也不喜欢性生活。

"结婚六年，他只碰过我三次！" C 幽幽地说。实在很难想象，一对夫妻的性爱次数会少于跨年烟火的次数。

男人对于自己性方面的异于常人不愿多谈，更不愿向长辈坦承；而 peace 惯了的 C 也不愿横生枝节，于是，两人只能选择分开。

MOMO'S NOTE

婚前一定要有性行为。

我无意冒犯卫道人士或某些宗教,但如果客观条件许可的话,两个成年人除了谈天说地、看个性、看兴趣、相处磨合之外,性方面的互相了解更是必要的。

因为那将是一个你会和他躺在一起一辈子(如果可能)的身体,你不了解它、不能取悦它,或应该说是互相取悦,那么,如何达到性灵合一?

许多医生要求人们应该多拥抱,因为此举不但影响荷尔蒙分泌,更让人感觉到爱和温暖;那么,两个相爱的人为什么不能顺其自然地占有对方的身体,互相取暖之外,也能视爱为一件美事而不是洪水猛兽?

只要这性是互相尊重而安全的,为什么要禁止?

C亲口告诉我,从这桩失败的婚姻中,她深刻地体认到,婚前一定要试着和对象做爱,不然,有可能会是个悲剧的开始。

J 的故事

　　J 在学校时，便是个人见人爱的风云人物。因为她聪明活泼，又在各个比赛崭露头角，虽然不是美女，却也有不少学长学弟追求。

　　J 在大一时就交了一个男友。那男人虽然相貌堂堂，却因为是家中独子，享受惯了茶来伸手、饭来张口的宠爱，对 J 多少有点颐指气使。

　　但 J 跟他在一起六年后，觉得两人已经很习惯，便顺从那男人母亲的意思订了婚。

谁知道一订了婚，男方家人便把J当下女使用，家务清洁全丢给J，还要求J下班后每天得去煮晚饭。J说，我都还没嫁过去呢！要真嫁了，那不是更惨?

订了两年，J便选择退婚。

那男人从云端跌落谷底，便原形毕露怨天尤人，不断去J上班的地方骚扰她，直到J有了同公司的新男友。

新男友的问题是，他还未恢复单身。

他虽和处不好的老婆早已分居，但仍未离婚。于是，J便背上第三者的罪名，在公司里每天接受冷嘲热讽，头都抬不起来。

终于，两人受够了，就选择一起递出辞呈。孰料，从辞职的那一天起，便是J的命运惨跌、永无翻身之日的开始。

两人原来在一个福利、薪水都很优的大公司上班，意气用事地离开是因为J有一小笔存款，两人想做生意。

男人炯炯有神的眼睛诉说着梦想，J便热血澎湃地随之起舞，不断地撒钱为他铺路。一开始，一切都不难，有吃有喝的两人开心得不得了；后来，男人接连投资失利，两人又生了第一个小孩，手头开始吃紧，生活的压力便来了。

男人越没赚到钱，心里便越慌；心里越慌，错误的判断就越多。

很快地，两人花光了积蓄，争吵不断，但与此同时，J的第二个小孩也来报到。

朋友们心疼J的处境，问她为什么不避孕？J害羞地说，因为她老公不喜欢戴套子，而J也不爱吃避孕药，"况且，小孩很可爱呀——"J天真的笑脸乐观地说着……

贫贱夫妻百事哀。

J的老公因为诸事不顺而变得阴阳怪气，整天在家打小孩出气，有一次甚至把才三岁的小男孩吊起来打。J就算看不过去，也打不过老公，于是，三不五时找小孩出气的戏码便不断上演。

J实在走投无路了，只好往自己身上想办法。

她借了些钱，打算利用自己家里做点小生意。她试过家庭理发、影印、自己包水饺来卖……但都因为不够专业而草草收场。

这个悲剧最悲的地方便是——没有人设停损点，伤害不断在扩大。

生活已经很困难了，J又怀了第三胎。

J的娘家无力帮忙，夫家更是急于切割。全家人搬到一座市郊的旧房子，又老又阴暗，蟑螂蚊蝇横行霸道，小孩更是躺在地板上和来来往往的老鼠玩乐。

J绝望极了。更令她绝望的是,她辗转得知,那个曾和她有过婚约的男人,因为被J抛弃后发愤图强,花了几年的时间成为成功的生意人,财产是以亿为单位计算。在J被生活逼得喘不过气的同时,听到这样的消息,更是雪上加霜。

J的男人意志越消沉,J也只能越努力。

J一边向外找工作,一边还得找时间顾孩子,心力交瘁的状况让她性情大变。

J变成了一个容易怨怼、迁怒他人的怪人。朋友渐渐不太敢与她联络,连她的家人在J眼中也变成了仇人。

奇怪的是,J离不开她的男人。

孩子小的时候,J说小孩需要父亲;等小孩大了,孩子说他们实在受不了爸爸,举双手赞成J离婚,J还是不置可否。

有一天,男人离开了,没留下钱、无预警地就突然跑了。男人说,他要到对岸去闯一闯,重新做学生,学一些技能……什么技能?干什么?多久回来?孩子、妻子怎么办?

一个屁也没交代。男人想出去透透气,就走了。走了还一副都是妻小拖住他前进的脚步的样子。

女人,只能留在原地,扛下所有的担子,继续张罗每一天的生活。

J或许也想要一个属于她自己的人生,但她从来没说出口。或许也不知道在哪一个关口,J便被漩涡般的力量往下拉扯,一辈子无力反抗、无力上游。

MOMO'S NOTE

人生不可能不犯错,但怕的是,一错再错。

女人们应该可以很快地察觉到,自己交往的对象是什么样的人。

如果当是收集被害、被虐的经验,那么,一两次,或是一两年便已足够。如果自己无法看清对象的好坏,那么,你大可以问问家人的意见,或是找一个你觉得是良师益友的那种聪明人给点建议;恋爱不能闷着头谈,尤其是即将和你步入礼堂的另一半,绝对需要审慎考虑。

很多女人说,我就是离不开他,我怕寂寞、怕如果分手了遇不到另一个人,怎么办?

言下之意,有些女人是把孤单一人当做是最烂的状况,比这状况好一点的、倒数第二烂的才是和烂人在一起。

顺序好像搞错了吧。

请女人们仔细想想,弄错顺序要付出的代价有多惨重。

H 的故事

H 的事，是我最近听过最惨的事了。

她是个可爱的女人，永远微笑对人，脸上常常笑着笑着，便有一朵太阳花亮着。

她二十岁的时候像二十岁，三十岁时还是像二十岁；四十多岁了，只要一笑，仍然像是天真烂漫的二十岁。

她早早便嫁了，嫁了一个志趣相投的老公。两人一起生活，一起工作，一过便是十五年。

一开始，两人觉得彼此真是灵魂伴侣（soul mate），能在生活中谈工作、工作中聊生活。

日子一久，却也出现了不少摩擦龃龉。

他会的她也懂，她做的他也很了解，心情好时叫做相辅相成，心情不好叫做一山难容二虎。

曾经，他们也努力地想生个孩子。但是，事与愿违，女人吃了不少苦，却仍没动静。试了几年，男人受不了而放弃，两人便决定仍然过着两人生活，只是心里的遗憾就那么挂在那儿，空荡荡地晃着，虽是决定了，却没少过叹息。

后来，故事出现了大转折，吓坏旁边一票朋友。

她出轨了，和一个小她八岁的男人恋上了。

她如果是那种会出轨的女人，那么海便要枯，石头会烂，太阳会被月亮吃掉，地球即将反转。

她的笑容不仅可爱，她的声音何止温柔，她的为人何止诚恳，见过她的人如沐春风，和她合作过的人都赞誉有加。

交给她的事，永远不必担心；跟她说的秘密，她的眼神告诉你，她会带进坟墓去。

如果有任何字眼能和她连上关系，那便是忠心、诚实，永远不变。

如果地球上要展开全人类外遇可能大调查，她绝对排在六十亿名之后。

但是，唉，人生啊，有什么事是永远不变的？

她或许是腻了，烦了，需要透口气，于是，她和那个男人恋爱了。

恋情的一开始，哪有不美的？十五年的婚姻相较之下，如枯木，如古井；老公一成不变的习惯、日益肥大苍老的外表亦失去了奕奕神采。于是，她觉得，她碰上的这一段，让她能每天笑着醒来，甜滋滋地睡去，让她仿佛回到了那最初的悸动，两人为了一口冰淇淋，都可以兴奋好久。那小小的爱情，好像世界被遗忘的梦幻玻璃屋，在屋里，一个呼吸、一声轻语，都是上帝给的感动。

一开始，她把这一切当做是小火花，以为一下下会过去，自己只要藏着，仍然可以过着一如往常的日子。后来，她的善良战胜了一切，她决定向老公全盘托出，彻底坦白，因为，那对爱执著的炽热，烧得她不忍。

除了对新欢偷偷摸摸的不忍，她比较过意不去的是，对老公说谎的不忍。

于是，她摊牌了，她的老公崩溃了；因为，她要离婚。

让她心已决的便是"纯粹"二字。

因为她无法专心地亲吻老公，无法再欣赏他的踏实，无法藏住飞起来的幸福，无法压住把新欢介绍给朋友的冲动，于是，她要二选一的黑白分明，不要暧昧的模糊地带。

然而，中年离婚（非自愿）的男人，是生物史中最脆弱的品种。当她与新欢庆祝的同时，他不但崩溃、瓦解，变成碎屑再成灰，然后，连尘都不是般地堕落，是那么地沮丧又自卑，仿佛活着的一分一秒都是多余，但也不需费力死去，因为，死并不会比现在更糟，他要更糟，要更糟地活着，才不至于辜负这一切。

他们身边的朋友都疯了，没人能和她说得上话，因为以前没看过她这个样子。朋友们便不知如何安慰他，只能常常把他拖出来吃饭喝酒。

这样的局面，谁也没想到，短短半年内，赢家输家互换，彻·底·翻·盘！！

她还是从热恋的晕浪中清醒了，她开始惊讶自己的绝情和不应该，和新欢匆匆道别，草草收场后，便急忙地飞奔回老公身边。孰料，那离了婚的中年男子，身边已有了新的女友

——一个比她年轻十五岁、也是一个把他从濒死边缘救回来的侠女……没戏唱了。

男人没办法原谅她，没办法接受她。男人可能还在痛呢，怎么可能疗她的伤？

结局是，她丢了一段婚姻，也丢了一段新感情，丢了自己原来规律运行的小宇宙，把自己丢进一个伸手不见五指的黑洞。

如果发生这事的是个素行不良的坏女人，朋友们还不会那么难过。但是，她从头到尾是个善良真诚、从不忍伤害别人的甜姐儿，却在她将近五十岁时，摔了个大跟头，没有转圜的余地，没有诉苦的权利，因为这一切的一切，你可以说，都是她自找的。

这真是我最近听过最惨的事了。

MOMO'S NOTE

  从这个故事，女人们该学到的便是在面对感情时，可以有弹性点，可以贼一点。
  我并不鼓励外遇、偷情，甚至对于其所带来的伤害深恶痛绝。此事能免则免。
  但若真的遇上了，能不能请女人们向偷情的男人们学习——不主动坦白，不积极选择，吃完擦干净，拍拍屁股回家。
  男人是很怕麻烦的，除了他的生殖器。
  他们只想不断地和不同的女人做爱，等一射完精后，再用尽他们以为的智慧来掩饰，就算漏洞百出仍能糊弄元配。但他们极少会为了与野花的激情而搞到自己无家可归，能赖就赖。说穿了，便是一个拖字诀打头阵，再虚与委蛇，静观其变。
  你应该常常听到这样的故事：男人包了好几奶，正官只要睁一眼闭一眼，大家便相安无事。男人有了外遇，很少会飞蛾扑火地为外面的女人放弃家庭，因为对大多数男人来说，外面的是外面的，老婆是老婆。
  而对一个有了外遇的女人来说，多半牵扯到的便是有关爱情的层次，那不是高潮之后可以忘记的，更不是自欺欺人可以模糊的。
  于是，为了爱情的缘故，女人常逼着自己的身体表态——男人可以不露痕迹地睡过一个又一个肉体，女人不行。
  女人不会让自己不爱的人碰，就算勉强演得下去，绝对很僵硬、很不自然。

《色·戒》当中的梁朝伟与汤唯,正充分说明了这点:汤唯爱上了梁,不但说出了真话,救了梁一命,自己还赔上了命;反观梁,他也爱上了汤,但男人的爱情是远远排在工作的后面,对他来说,在女人为他被处决后,能在暗处为她流两行情泪,便是对爱情最大的致敬。

女人既是感觉的动物,大概也因此而讨厌模糊的感觉。

这是天性。但我总希望女人还是要懂得保护自己,谋定而后动,别赔了夫人又折兵。

K的故事

　　K一直觉得，她很能控制大局。

　　从小不管面对师长、同学，她总展现超乎年龄该有的沉稳。K不太容易被别人影响或使唤，因为，她总是做足了功课，充满了自信。

　　后来，在感情的路上，她也一直很有自信。

　　没有男人能逃过她的法眼。她可以一眼就看穿别人的心思，也可以不动声色地教训骗子。

　　这项过人的天赋，一直没出错过，直到K碰到了对手。

那是一个小她快十岁的男人，外表挺体面，只是眼睛常骨碌碌地转，好像永远在打什么主意。

那男人可能深谙求欢之道，不出十天半个月，便掳获了K的心。

K或许是因为自己大那男人太多，所以，也不太敢带他出来和大家碰面。

就算大家很少看到他俩在一起的样子，但都十分确定，K在热恋中。

K又开始无微不至地照顾男人，不论在工作或私生活上。

K替他引荐重要人士，又在自己公司安插工作，另外，还常常买那男人负担不起的名牌给他，把他打扮得像是世界名模。

正当朋友们想替K好好庆祝的同时，却意外地听到了一个八卦。

听说，那男人早已有了一个相交八年的未婚妻，而且，快论及婚嫁。

朋友间传着这个八卦时，莫不替那男人感到忧心——难道，他不知道K的厉害？他不怕东窗事发惹来杀身之祸？大家都认为，那男的惹错人了。

听说，K还是继续在热恋中，还是和那小男人双宿双飞。

直到有一天，那男人带着喜帖到公司去发，大家才傻了眼。

公司里的同事其实不太了解他们之间的关系，因为他们一直很低调。但我们这些朋友，平常看他热情地搂着K，为她夹菜盛汤还卿卿我我，只能说，几乎都面临崩溃边缘。

更惨的是，K为了不让同事知道，竟然还硬着头皮和同事们一起去喝男人的喜酒。

K没朋友陪她去，她是一个人和同事去的。

听说，那场婚礼和所有其他的婚礼大同小异：新郎新娘发誓要好好爱对方，新娘爸爸讲话时全场哭成一团，新郎被哄用新娘高跟鞋喝酒，还趴在新娘身上吃藏在她乳沟间的樱桃……

K整晚都在，还笑眯眯地陪大家喝酒，直到曲终人散。

朋友们也以为，就这么结束了，K应该很痛苦，不过，也应该清醒了。

谁知道，那男人在婚后半年，又出现了。

不知用了什么迷魂药，那男人居然说服了K，二人又在一起；听说，他告诉K，他离婚了。

但是，大家都知道他没有。全世界只有K相信他，因为

K说，他说得出口，她便相信。

K又和他好了一阵子，直到他的老婆找上门。

那个几乎和男人算是青梅竹马的妻子，看起来是那么地善良无助——原来，她并不是来兴师问罪的，她是专程来谢谢K的；谢谢她对自己老公的照顾，谢谢她在老公出差时的帮忙……

K说，当她看着女人的眼睛是那么真诚地相信自己的老公时，她仿佛看到了自己。

不同的两个女人，却为了一个男人同样的谎言而心甘情愿。

面对种种可疑的迹象，她们却不约而同地选择了相信。她们相信爱情，或是这个男人？她们不肯面对的，是这个男人，还是寂寞？

她们静静地坐在一起，打量着彼此，试图从彼此的谈话中找寻一些答案，然后，礼貌地说再见。

K神秘地消失了一阵子。没有人知道她去哪里，朋友们也好一阵子没聚会，而那男人，回到他老婆身边，每天还是大摇大摆地打扮成名模去上班。

K可能觉得气，但更多的情绪可能是丢脸。

江湖老手居然在阴沟里翻船，K想必为之气结。但后来出现的K，却对整件事只字未提，只是像没发生过什么事一样地回到轨道上。

姐妹们本来替她想了不少复仇计划，但看到她的表情，话全吞了回去。

仍是例行的下午茶，K仍坐在她的位子上，仍然点了大杯的热拿铁，仍然点了一片99％含量的巧克力。她轻轻咬了一口巧克力，然后说："我没有告诉过你们吗？"大家耳朵都拉得很长，没人敢接话。K继续说，"99％含量的巧克力，其实不苦，其实……它是酸的……"大家面面相觑，静待下文。

K又说了，"是我自己，在一开始，以为它顶多只是苦的……但它本来只是酸，那只是我自己以为……"

K喃喃地说，那只是我自己以为……我可以不要这么做的……原来，K不是不知道。

原来，有时候，谎言太大了，看起来是那么真实；要走出去，很累人的。

MOMO'S NOTE

道高一尺,魔高一丈。

有时候,在爱情里,最难辨的是虚情假意,最难得到的,是一颗真心。

女人大可以用真心去爱,但真心未必换来同等的回报。那么,一定要尔虞我诈吗?

防人之心不可无。

我的朋友们碰到这种已婚骗子的比例甚高。那些骗子大不了在被揭穿时耍赖:你又没问!或是理直气壮地说,很多人都知道,所以我以为你知道。

听到这种答案的女人也只能为之气结,因为面对自己用心爱的男人突然变成一个无赖,一大笔感情账变得不知如何计算。而这样的男人又有本事瞬间变得像个任性撒娇的大男孩,心软的女人因为强大的母性又做不出选择,多数便只好一路沉沦下去。

女人们,这就是平日自己的训练不够。

平常,每一天的日子里,女人便要不断提醒自己感情上的原则——哪些男人绝不碰,哪些困境绝不踏进去。

你能训练自己到面对帅如金城武但却是个已婚或花心的混球时完全冷感吗?你能快速穿透外表的魅惑看出骗子的小破绽吗?看穿了后一定要转身离去头也不回一点也可以不觉可惜吗?

性骚扰防治专家说,有人借机吃你豆腐一定要很机警地弹开且大声喝止——多数女人做不到,因为她们说,这样很尴尬——所以,女人就任凭男人乱摸?那瞬间的爆发需要的是平日的认知训练。你不是做不到,而是平常你没有天天告诉自己如果有一天,自己碰到了,应该超生气,大声地揪出色狼,因为,这是你的权利。你有权这么做!!

凶杀案专家也说,其实很多被害人在面对凶手时,生物本能会告诉被害人许多可疑线索——例如,凶手会将门反锁,进门后左顾右盼,问会不会有人打电话来……那都是逃命的关键。专家说,每个人都有这种本能,只是被害人选择忽略自己心里的声音。

因为不想表现得太疑心,所以失去了自己的生命。

因为不想惊动大家,让场面尴尬,所以宁愿自己的屁股被摸一下——改天色狼把你扑倒时,他还可以义正词严地说过去你都不反抗。

因为打着"爱要信任"的旗帜,所以你不想拆穿爱情骗子,然后盲目地"相信"他,以为自己相信,好事便会发生,却忘了,他的世界里,没有信任这两个字。

请训练自己生气,训练自己有感情洁癖,训练自己反抗,训练自己苗头不对,说走就走。

PART 3
M's
Stories

love

　　只听女人的故事,难免不够全面。
　　男人不了解女人,可以理解,因为女人真的太复杂又太天真,虚实之间,男人必须要有高智商、高 EQ 才能和女人好好相处。但话又说回来,如果男人这么了解女人,他为什么要为一棵树放弃整座森林?
　　女人若不了解男人,那就真的太过分。
　　男人是一种再简单不过的动物了。女人若是肯下点工夫,必能功德圆满。
　　在此提供一些男人故事,你会发现,其实,男人心里也很苦。

G的故事

　　G离婚了。大家都很惊讶。而且，听说他是被老婆休掉的，更让大家吃惊。

　　G是个温和的人。他在一所大学担任教师，过着平静又规律的生活。老婆只是不喜欢G偶尔小酌两杯，但是G又真的喝不多，所以老婆也不至于翻脸。

　　G是那种很看老婆脸色生活的男人。只要他老婆一瞪眼，G就垂下头，然后对她百依百顺。

　　G并不是怕她，而是真正很爱她，所以才愿意提着胆子娶她进门。

G的老婆习惯用"去吃大便"代替"我爱你"，在众人前拍他后脑勺以示权威；但当然，G的老婆也很爱他、疼他，只是用一种比较粗鲁原始的方式去爱。

两人打打闹闹朋友也习以为常，觉得这就是两人固定的相处模式，谁知道，他们会离婚？

正当大家在狂猜原因的时候，G突然约大家去喝酒，各路人马也很意外地一个都没缺席，齐聚一堂。

酒过三巡后，G突然猛捶胸口大叫："闷死我啦！！！"大家面面相觑，但不忘补上一句："你们到底是怎么回事？为什么要离婚？"

G的眼眶突然变得好红好红，然后大叫一声："都是我不好！"接着便昏过去了。

大家悻悻然地散会，只有阿仁好心地载他回家。

又过了几个月，G突然有了新女友。这消息更令人不敢置信，因为，大家相信G根本还爱着老婆！那么，他到底怎么了？

朋友们以为他变了，觉得他自私无情，但和他聊天，却又感觉得到他的诚恳，这是怎么回事？

有一天，G 又喝醉了，他指着阿仁大声地说："他知道，你们问他，快问！"众人转头看阿仁，瞬间有八百种可能快速地被联想。阿仁又老实，情急之下便脱口而出："他说他……"G 又看了他一眼呛道："你说啊，我不怕！快说！"阿仁又气又急，只好低头用刚好站在他旁边的我才听得到的音量说了一句："他说他不行……但是和新女友行……"

　　我听到了。好惨。

　　男人面对自己的阳具，总是有许多兴奋的期待或想望。总是不断地要夸它大、长、强、久。总是有很多的焦虑和压力。

　　像 G，可能长期扮演受害者的角色，精神上的男性雄风一点一点地凋零，终于，它再也举不起来了，然后，G 就被老婆休掉了。

　　离婚后的他想必像是掉进了幽暗的谷底，失去了枕边人、还被逐出家门，再想到那条命根子，心应该会是凉透了。

　　这时来个温柔的抚慰，G 顿时又有了一点温暖，当然一拍即合……又或者，G 是想试一试——自己到底还行不行？

　　你听得懂这和公狗的行为差别在哪里吗？

　　若是一般男人在离婚后速结新欢，那难免予人公狗的印象；但是 G，他是怀着悲愤的心情去做的，他想知道，自己是不行了，还是只对他爱的老婆不行？

结果很快出炉，G不但可以，还很激情。

G实在不愿承认，他居然对自己深爱的老婆阳痿，而可以和新女友如此开心！

他很痛苦，有时候很快乐，但是一快乐，便自责。

男人，真的好可怜！女人们可以用魔术胸罩、nu Bra、整形手术改造一切增加自信，但男人，不行。

不行就是不行。

后来，G还是常喝醉，大家听他的酒后真言几次，都会背了："我好爱我前妻……呜呜呜……我爱她……"

MONO'S NOTE

男女平权主义对于女人在床上"服侍"男人一定很倒弹。但我认为,"那种"男女平权论调对两性关系不但没帮助,反而让两性更焦虑。

平常大家会说,施比受更有福,这样的一句话,为何不能应用在性行为上?

如果女人能主动营造性的乐趣,继而激发男人的雄性荷尔蒙,反过来他会因为开心然后为女人服务,不是两全其美、皆大欢喜,更能促进两性和谐?

女人可以主动、可以主导,一定要赞美男人,因为他们很辛苦;如果不太排斥,请学习口交,并熟练到自己也很享受;试着这么做,你的男人会爱死。

如果碰到不能解决的问题,去找医生。

平常要和你的男人多沟通性方面的态度、感受,把它讨论成一种习惯,才不会在关键时刻羞于启齿。

还有,你自己不喜欢性,但别认为你的男人不需要。

男人很简单的。水库满了,总要泄个洪。

请女人试着了解男人的这一小块肉能带给他们多大的乐趣,然后去尊重它／他的感受,用爱灌溉它／他,自己不累就多逗它／他开心,就这么简单。

他妈的中国人对性的压抑导致性知识贫乏真是害死多少男男女女!去!

L 的故事

其实，L 是不缺女人的。

他不是花花公子，只是跟一般男人一样，眼睛永远在搜寻下一个可能。

他的优点是不猴急。看到猎物后，L 喜欢慢慢来——带女人吃饭、看电影、看夜景，等时机够成熟了，再带她去旅行。

他的眼光很准，看上眼的大多不会让他后悔。

只是这一次，他有点衰，碰上了一个特殊状况。

他气急败坏地电召好友，请大家帮忙想个办法。

未待大家坐定，L便开口："糟了啦！她体味太……受不了啦！"朋友们先是一惊，接着便爆开一串笑声。

L形容那女人的体味，用很漫画的方式叙述："如果她的味道有颜色，那整个房间应该是绿霉色的。"朋友们又忍不住狂笑了一阵。

L无助地说："怎么办？！"言下之意，在没脱衣服上床前，L认为她是个好女孩，两人不但聊得来，L也觉得她很可爱、很性感；孰料，她的体味让他大吃一惊，萌生退意。

"会不会只是忙了一天没洗澡，所以臭臭的？"朋友分析着。L说："应该不是，因为那女人的腋下和阴部都有同样的臭味，是那种洗都洗不掉的……"

朋友间也有类似经验的，纷纷抢着说，闻过的都有一种快窒息的感觉，而且当事人就算已离开那个空间，后来的人都能从气味的滞留知道她当时走过哪些路径……如此一来，L的问题便无解吗？

朋友不断出着馊主意："重感冒鼻塞时再去找她喔！"、"冷气和风扇开强一点啊！""去Motel开房间，叫她先去洗澡啦……"

大家越说，L越沉默。这种事，谁敢和当事人直接明说？

不说破，自己又忍受不了，真是两难。

L 很沮丧，聊到那气味时，还是一脸的痛苦，整张脸皱得像包子。

"看来，只好绝交了哦？"L 的麻吉一面吃进一口饭，一面以专家的姿态建议："可是不能马上绝交哦，还要再约她上床一两次！"

这样的说法很新，让我忍不住问为什么？

只见那位麻吉气定神闲地以专家口吻说："只做了一次就 bye-bye，那女人肯定很气，如果她到处去说，唉，我们如果被冠上烂男人的名号，以后把妹把很困难的啦！"

哇——！原来，男人真的好辛苦。既不能直接和女人说"你很臭"，又不能立刻逃之夭夭；居然还得继续委屈自己的感官虚与委蛇……唉！真可怜！

看来，L 的沮丧不只是失去一个可爱的女人，而且，还得再入虎穴、受其"熏陶"至少……嗯，两次。

男人，真伟大。

MOMO'S NOTE

女人啊,从这个故事,我们必须做到一件事——勤于清洁自己,并且有一两个敢直言的朋友。

自己的气味决定自己的桃花。这句话相信没人反对。

但是,有部分身怀异味的人确实闻不到自己的味道。可能是习惯,也可能是"久入鲍鱼之肆而不闻其臭"的麻痹。所以,我们很需要一个敢向自己直言的朋友。又或者,自己应该常常闻自己的腋下或内裤,做个定期的自我检查,才不会熏死一缸子人而不自知。

干净、好味道,真的很重要。

不然,空有一副好身材、好学识、好个性,最后却败在内裤褪下的那一刻,功亏一篑,太可惜。

R 的故事

七年级的女生，到底有多大胆、多迷惘？从 R 的故事可以略窥一二。

R 是个老实的上班族，生活规律单调，更遑论交女朋友了。

眼看青春就要虚度，R 居然在网络上认识了一个妹——一个只有二十岁的正妹！更奇怪的是，R 在资历不浅的网交经验中第一次有人回复，就居然是一份如头彩般的礼物。

相交没多久，小女友便怀孕了，R 不疑有他，便娶了她。

孩子生下来，是个女儿，R 把她当小情人般地疼爱。但也在一年过后，R 突然有了不对的感觉。

R 在家里老是觉得那么怪怪的，很不对劲，再加上看老婆也总是神情有异；终于，R 去装了监视器。

不出所料，R 拍到了老婆跟一个男人上床的证据。

朋友们为了挺 R，纷纷跳出来要帮 R 痛扁那个睡到家里来，完全不把 R 放在眼里的烂男人，于是，在一次确定那男人又到家里去时，R 和朋友们立刻回家要堵那个男的！众人气冲冲地站在门口，站了一个多小时也没见人出来，正在面面相觑之时，R 鼓足勇气说要闯进去看一看，大家只好目送他进家门。

隔了一会儿，R 出来了，他的表情很诡异，大家忍不住问："人呢？"

R 愣了一下，缓缓吐出："没有人在里面。"

天啊！这是怎么回事？

R 后来回去检查带子，确确实实是拍到了那男人啊⋯⋯怎么⋯⋯怎么只见他进来没见他出？

后来的几天，R 又等到了机会，那男人又出现在镜头上，还是大同小异⋯⋯但是⋯⋯R 推想："会不会⋯⋯那男的还在房里？！"

是的，那男人躲在 R 和老婆的床底下生活。

不知道他多久出去放风一次？三天两夜？还是更久？

我们没办法知道更多的细节，因为对 R 很残忍。

但更残忍的是，R 回头一想，如果老婆私生活如此混乱，自己跟她认识没多久就怀孕结婚……孩子是我的吗？

R 想起妈妈抱起孙女常念一句话："奇怪，这囡仔奈生得不像温刀狼啊？"于是，R 去验 DNA。

报告出炉：那个和他已有感情的女儿，身上的 DNA，99.9% 与 R 无关。

R 崩溃了。他觉得自己快炸开了！他无法思考接下来该怎么办。

这样的故事若只是个小说剧情，听者大可惊呼一声后忘了这个故事；但它是真真切切发生在我们周遭的人生，不免让人觉得无助又难过。

R 后来离婚了，孩子也给了前妻。

又剩下 R 一个人了。

他还是回到原来的轨道上，日复一日地上班下班，没人敢问，他到底过得好不好……

S的故事

　　S是条快乐的小公狗。

　　他之所以可以这么快乐，应该不是因为他的外形，也不是因为他有部跑车，更不是因为他对妹都很大方；像S自己说的，现在的妹，太・上・道了！

　　每周在台北的几家当红夜店，总是能看见S穿梭哈拉的身影；上一秒他还在Primo，下一秒又可以在18看到他。

　　而且，每晚，只要他想，都可以带妹回家。

　　S跟我们吃饭时，总免不了要配上他的夜店传奇来下饭。

S以一副性学大师的口吻给我们上课："六七年级的妹，很好上，但也要很小心。"

他说，那些妹都瘦瘦的，穿很短很紧很露，妆很浓，发色跟着日系，眼妆也都大同小异……光是这魅惑的外表再加上Nu Bra和不时露出的丁字裤，哪个男人看了不血脉贲张？

"但这都不是重点！"S神秘地说，"厉害的是，男人都还没开口，这些妹就不费吹灰之力地自动爬上床！"看他一副很爽的样子，虽然大家有些存疑，但还是咽着口水听下文。

不能怪我们这些朋友不厚道，实在是因为S不高不矮不胖不瘦、又没啥记忆点的脸，他就是那种路人中的路人，过客中的过客，这样的男人，为什么可以杀遍夜店无敌手？

"实在是因为这些妹，太·上·道了！"S又强调一次。

S说，现在的妹主动程度让他觉得自己好像活在A片里。

他谈到最近碰到的前三名。

"第三名花了比较多时间，但也是她主动坐过来喝酒搭讪，主动把自己灌醉，再哭诉自己男友冷落自己，然后，便拉我的手来搓揉自己……。"

听到这里，我嘴边的花枝丸不小心弹射了出去。S更得意地炫耀："第二名只说了三句话！她说：'嗨！你好。'自我介绍后，妹搭着 S 的手臂：'哇！这么硬的肌肉……'第三句话是，'你其他地方也这么硬吗？'……"

大家不敢置信地惊呼："哇噻！就这样？你就睡到了？！"

在场已婚的男人纷纷举杯互干，一面摇头一面大叹生不逢时。

这已经够猛了，大家根本无法想象，S 口中的 No.1 到底用了什么招？

S 抬起他的双下巴，骄傲地说："可能我在夜店妹界的口碑还不错，所以她们都会在我身边绕一下……"

这点大家实在没兴趣，便逼他宣布 No.1。S 说："那妹靠过来喝酒，只在我耳边讲了一句话，我就带她回家了！"

那句话是："我那里超紧的，要不要试一下？！"

S 说，哪个男人受得了这句话？那妹一讲，他整个画面都出来了，挡都挡不住。

只有我好奇地问："那……结果真的很……吗？"

S 喝了一口茶，叹了口气："还好啦！其实也没那么紧……而且，第二天一醒来，哇呜，妆花掉以后才发现是个恐龙妹！"

大家除了一阵爆笑，更立刻陷入一阵沉思。

一脸羡慕的 M 说："原来，时代改变了！妹变成男人了！"

是的，这些七年级生，主掌她们自己的性生活。她们认为，她们可以。

她们选自己想睡的人，睡完后也不缠不黏。因为那些男人，她们很清楚地知道，只是睡睡而已，又不是要长相厮守的人，何必认真？

说到最后，S语重心长地说："所以，到最后，是谁玩谁？！"

S说，各取所需喽！年轻的妹找有钱的中年男子要生活，甚至前仆后继地去陪娱乐大亨、上流社会名人吃饭喝酒，图的便是有一朝能飞上枝头或变成国际巨星。而男人，有点小成就、小能力的男人，为了搜集更多的性爱经验，纷纷找已经可以当自己女儿的对象上床，一个变态的食物链于焉成形。

听起来，在这条链圈中的人们，似乎已经没有什么不适的症状，没有一点点不忍或自责，没有尽头，没有明天……

MOMO'S NOTE

　　看完了S&R的故事,大概可以知道部分六七年级女生的生活。

　　正当五年级女人感叹自己生在压抑的年代、对象难觅时,那些年轻小妹妹却正挥霍美好的青春,用她们认为最流行的方式使用她们的肉体。

　　我一直不太愿意去讨论或批判她们的方式,因为,错不在她们,她们只是在都会丛林中故作镇定却无力反抗的无助孩子。

　　她们的父母呢?从小到大,她们知道什么是爱吗?她们在浓妆艳抹的背后、在陌生人的身体下,没有一点点的害怕吗?

　　十六岁就坐台、十八岁便睡人无数,那么,她们的二十岁、三十岁,又会是什么样子?

　　原来,那放浪的形骸,是无声的抗议,是对许多事情的失望,是对爱的无知,又或者,是对爱的渴望。

　　那么,这一辈子,谁来给她们爱?而她们对于其他无辜受害人的践踏,又将伤害扩大到什么难以收拾的地步?

PART 4
They
love

ELLE 专栏收藏

爱从来就不只一种

　　二十岁的女人，青春正好，对爱情憧憬、好奇和渴望，虽涉世未深，但仗着年轻就是本钱的勇气，面对未知的坎坷或幸运，总是天不怕地不怕地自信。

　　三十岁的女人，有了历练，也成熟不少，已能分辨男人的种类，也较能分配爱情在生命中的比重，在职场上的自我实现或能填补其他方面的不足，就算心中小拉警报，但看到名女人们晚婚晚生，还能勇敢面对一个人的人生。

　　四十岁仍单身的女人，甚至在生活、工作范围内举目四望、拉长脖子都看不到可以牵手的对象时，难免有一种生命之火越来越黯淡的焦虑，那么，到底是死了心准备"收摊"，还是仍抱着希望？

日本作家称这样的女性为"败犬"，但我看看身边这样的女性，不但称不上"败"，还优得不得了。

她们分布在各行各业，有传播界的大制作人、台长，或是银行界、保险业的女强人，也有老师或教授。

不但学历高，面貌体态更是保养得青春可人，年过四十还找不到伴，大部分的她们还是怀抱着希望的。

很妙的是，她们几乎都向"外"求。

有人上网去结交各国异性，有人找到假期就去异地来个"Love Stay"，问她们为什么找外国人，答案很妙——因为外国人比较看不出东方人的年纪，就算后来知道了，也不在乎什么"姊弟恋"或"母子恋"。言下之意，老外还是比较浪漫、没包袱。

而大部分的她们，也都还和家人住在一起。家人虽然心急，却也知道不能病急乱投医的道理，只好对这个问题睁一只眼闭一只眼。

倒是 W 最近有了更深的体悟。她说，不一定要结婚，有个伴就好。

原来，W 的母亲上个月过世了。丧礼上，只有四个儿女鞠躬，W 的父亲根本没出现。

她的父母也不过离婚几年，当年还是因为父亲有外遇，不要这个家，走时还带走一大笔钱，那是 W 的母亲赚了一辈子才有的积蓄。孰料丧礼时，父亲仍未现身。

W 说，她的父母好歹也结婚在一起三十几年。末了，她看不到父亲对母亲的爱，只看到母亲一个人的遗体，孤零零地被送进冰柜，上下左右躺的都是陌生人。而火化后，一个完整的人只剩下半铁盘的骸骨；妈妈辛苦了一辈子，那个躺在一起三十多年的枕边人，杳无踪影。

"结婚不一定好，嫁不对人更凄惨。"W 说，只要有伴就好，不管是牌搭子、精神伴侣，或是好姊妹，能相知相惜地一起走完一生，"反而是充满爱的旅程，结局也能比较温暖，这样不是更好"？W 的眼睛闪着泪光说。

聪明的女人啊，对爱固然永远不要放弃，但别忘记，爱不是只有一种形式，能疼惜你的也不会只有一个叫做老公的人。放开心，好好地享受人生去。

关于承认这件事

我始终觉得，人生的许多态度，越早想清楚，能越早建立越好。

比如说，"承认"这件事。

越勇于承认，人生就越少麻烦，不必绕个大弯。

这里说的"承认"，不是那种道德上的，不是那种小时向爸爸承认砍倒樱桃树长大以后可以选总统的；这里要谈的就只是"情感上的面对与坦承"。

中国人是个不善于表达情感的民族，不管是古时候或现代的教育，都要这些"未来的主人翁、社会国家的栋梁"成才成名成功，鲜有教育学者或教材顾及个人人格特质的成长或情感学习。这或许也说明了为什么常常在社会新闻中可以看到高学历的知识分子难过情关，要不就自杀，要不就提桶硫酸发狂地要与分手情人同归于尽；纵有满腹经纶，下半辈子也只能寄身于囹圄。

关于情感的表达，要学的实在太多，就先从承认开始。承认，其实很简单，也很难。

承认爱一个人，承认不爱一个人，承认爱上一个不爱你的人，承认爱上一个不适合你的人；承认你爱他只是寂寞得要死；承认你想结婚只是怕不嫁别人会用异样眼光看你；承认你就是喜欢波大无脑的花痴；承认你爱她爱得很卑微……怎样，难不难？

在情感上，你了解你需要什么吗？你又敢理直气壮地向前伸手去拿你要的吗？更重要的是，当你手上的爱并不是你真正想要的时，你敢抛弃吗？

太多所谓为负"感情责任"的人，就是因为少了坦诚面对的态度，不敢听自己心底真正的声音，以致虚与委蛇、惶惶度日，终致日积月累，剪不断、理还乱。届时，不但自己不开心，那位貌合神离的伴侣也无法得到一份真正安心、真正让自己快乐的感情。请问，谁真正快乐了呢？谁又真的负了什么责任？

很多人都是在失去亲人或自己生小孩之后，才惊觉自己过去压抑了多少感情而悔不当初；更多人在失去真爱后才深刻地体认，自己因为不愿承认而犯下了多愚蠢的错误，甚至造成一生的遗憾。

前年我在台湾大学巡回演讲时，不断提醒学生们一个原则：Follow your heart。原因无他，想要做好一番事业、谈好一段感情、拥有开心的人生，不二法门很简单，就是勇于面对、承认，不违背真心而已。

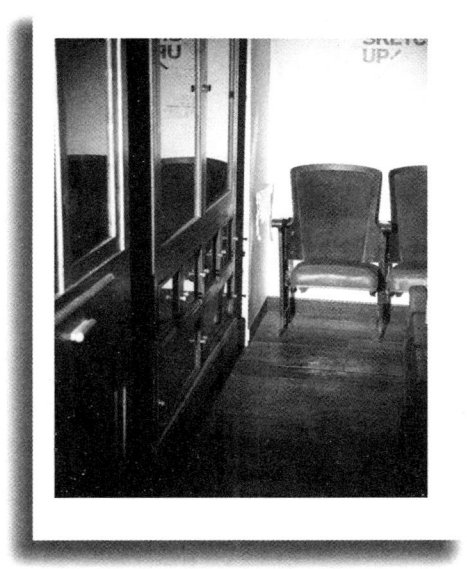

求偶作战大不同

为什么在情场失意的男男女女当中,女人往往要比男人失意一些?

那是因为,现代亚洲女性在两性平权、教育普及、经济独立之后,仍然在爱情游戏中不得不处于被动(至少是在表面上)使然。

在一次与友人的晚餐中,我充分见识到男与女在求爱方面截然不同的攻势。

当晚用餐席间,一位女服务生专门帮我们烧肉。因为她长得满正,当场不论单身、有女友甚或已婚男士,都纷纷跳下来加入"围捕"的行列。

"妹妹,长得好可爱哦!几岁啦?"单身的 N 先发难。"对啊!妹妹,几点下班啊?要不要去 KTV?"已有热恋中女友的 K 也毫不犹豫地接话。一旁的 B 见情势明朗,更是出言挑弄:"吼!不公平啦!你都分给他两块肉,我只有一块!"三言两语间,已把那位正妹逗得羞红了脸。最后,已婚的好好先生 E,居然也跳下来,大声说道:"我们来猜这瓶酒有几度?猜最准的可以亲妹妹一下!""轰"的一声,大伙儿笑开了,不过五分钟的时间,妹妹已傻愣愣地站在那儿不置可否地等待"宰割"!

男人,厉害吧!仿佛是草原上的一大群土狼,看见猎物群起攻之。我就算不太想吃,也会帮你围,因为我们是 Machi,为了兄弟,打打嘴炮算不了什么!

场景跳开,到了另一场求偶战局。

一位向来敢做敢当、敢爱敢恨的新时代女性,有一晚在 Louge Bar 里碰见了一位她心仪已久的男子,她开心地向前,陪坐在一旁喝香槟,这都还是她做得到的范围。但是,在众目睽睽下,她敢做的,也仅止于此——拿着香槟杯,客气地陪笑。

后来，男子表示差不多要先行离去，女人则连忙留他下来，要他再陪她一会儿，然后便不停追酒。

男子不明白为何女人突然狂饮，但基于绅士风度，便耐心地陪她；终于，女人出现了一些醉态，便央求他送她回家。

一路上，在男人的车里，女人不断泣诉自己的男友有多不重视她、多不爱她，哭得梨花带雨楚楚可怜，搞得男人心慌意乱，也不知自己该采取何种行动。眼看女人的家已经到了，男人也只好停车——搞了一个晚上，女人到底想干吗？

终于，女人发动攻势了！她突然将头倒在男人的大腿上（别忘了，还有硬邦邦的手刹车上！），继续哭了起来，然后开始抚摸男人的大腿！

一时之间，男人受宠若惊，实在不知该进还是退，便试探性地把手放在女人的腰部。想不到，看起来已喝醉的女人居然娇嗔："啊……（带鼻音）你不要摸我的肥肉啦！"说完便抓起男人的手往自己的胸部一摆！哇，此刻男人才明了这整个晚上是为了什么。

请问，各位看出这两场求偶大战的差别了吗？

女人在大庭广众下，还是得像个文明人。她们不敢太放荡、太直接；除非假借酒醉之名，否则怕引来他人（尤其是同性）

的讪笑与辱骂。

就算到了只剩二人独处的空间,女人还是得铺梗、说故事、找原因、演角色,然后才能"顺理成章"地有肉体接触——但这一切的前提是,必须有个"安全保障",保障以后这个男人若拿出去夸耀,得有个"良家妇女"的自保借口,那就是:什么?有吗?哎呀!那一晚我喝醉了啦!

你可以说,女人是比较进化的动物。因为她们必须要观察、伪装、匍匐前进、声东击西,然后才将猎物扑倒。但在单身女性天天叹好男人难找的同时,或许大部分女人还挺羡慕母猩猩求偶的单刀直入——只要把发红的阴部秀给公猩猩看,它便知道你要做什么了!

非关男孩

宣布第二胎怀的是男孩之后，我才突然惊觉，台湾仍是个性别歧视非常严重的地方。

首先是推波助澜的媒体。

在我录像空档，他们来访。空气中颇有一种要揭晓金钟奖的凝结、紧张。当我告诉他们"是男生"的时候，几乎可以看到他们脸上戏剧性的笑容，接着，便是此起彼落千奇百怪的问题："哇！那李仁哥一定很高兴喽？""那你要不要打电话给某女星，告诉她你怀男胎，她一定压力很大！""恭喜你！

你一定用了很多秘方吧？"……

就算我努力地解释，男孩女孩一样好，李仁甚至比较爱女儿，我们生第二胎不是为了要生男生，而是为了不让一个孩子太孤单，更可以让孩子不要一党独大、教养可以均衡；最后甚至附上了自己血泪交织的成长故事——"我就是出生自一个有三个女儿的家庭，在那个年代，母亲饱受压力，父亲更是毫不留情地不时借此为题攻击母亲，甚至恫吓我们女孩无用、不如辍学去当女工"等等，第二天见报的大标题或"故事"内容，皆是我有多开心，不用再拼男胎（奇怪，我从来都没说过我要拼男胎！），旁边甚至列表排出其他女艺人拼男失败的记录，然后，再加上我一张笑得灿烂得不得了的照片——这一切看起来，都有点我胜利了、赢了，而且正在嘲笑那些辛苦女艺人的意味。

更惨的是，我接到了经纪人的电话。

她气急败坏地训诫我："陶子，你自己也是女生，怎么可以如此耀武扬威地重男轻女？这对社会风气有多不好的负面示范？你要注意你的一言一行……"我来不及插上任何一句话，就被训了一顿。

接着，便是医护人员告诉我的悲惨故事。

他们一面恭喜我，一面说着看到许多孕妇因为知道自己怀的第二、第三甚至第四胎是女生时，不但放声大哭，一旁的先生脸更是臭得像大便，有的甚至当场走人。更有的如八点档剧情，婆婆直接在一旁翻白眼："干脆去外面找别人生算了！"

最后，还有许多路人的反应。

电视台的警卫边帮我推门，边关心地问："生男生女？"知道是男的后，仿佛他也松了一口气："那好，那好，不用再生了！"我实在无语。也有人紧紧抓住我手臂，或是透过各种关系来向我打探怀男的秘方。这一切的一切，只让我傻眼——原来，八点档演的并没有夸大；原来，台湾虽然教育普及，人们重男轻女的落伍观念，仍和五十年前一样。

我们不是很崇洋吗？为什么在这方面不学学老外？

西方人在做产检时，大多数只问健不健康，有些人甚至要求不要知道性别，想在临盆时给自己一个大惊喜。而且，你听过汤姆·克鲁斯或格温妮丝·帕特罗哀怨地说他们生的是个女儿的消息吗？西方人也不像亚洲人般盛传各种奇怪受孕姿势或野味补品来求男胎，更没有什么替某某姓氏留下一脉香火的观念——老实说，教得好不好比较重要！

你要生一个会洗钱的男孩，还是要生一个让国家在奥运扬名的跆拳女将？

可见，我们有了陈文茜、陈敏熏、大小 S、林志玲等杰出女性的努力示范，大家表面上赞许，私底下，还是免不了遗憾她们少了一根于事无补的阳具。

女人不坏，男人不爱

"女人不坏，男人不爱！"到底女人要多坏，男人才会被黏住？这句话里说的坏，又是哪种坏？该怎么使坏才能人财两得？相信这是许多宅女、熟女、嫩女、欲女所关心的话题。

狭义地来讲，把倪震、周慧敏搞得方寸大乱的女大学生张茆，应算是个中翘楚。

敢露、敢秀、敢大声抢人男友，还在公众场所与倪震"打茄轮"超激舌吻，种种大胆照片充满了性的暗示与诱惑，相信应是众家男人床上的女神，更是大多数男人对女人"坏"的定义。

当然，这是勾住男人的原因，但还不是全部。

我认为的女人不坏，应有更广更深的涵义。

朋友 A 是个身材火辣的熟女，虽然她在职场上是理智冷静、能独当一面的女强人，但总在情场上被动客气，老是在礼让，所以老是在吃亏。

有一次，她和男友一起坐车，说要去载一位公司的女同事，结果那女同事一上车，虽然坐在后座，却不断伸手到驾驶座来递东西——当然，还会不经意触碰到她男友，当下 A 当然觉得有点怪，但又不便当场发作，只好当没看见。

事后 A 告诉我，我火冒三丈："碰什么碰？叫她手拿开啊！不然等她下车也要质问你男友，他们到底是什么关系啊！" A 羞涩地笑笑说算了，而且她强调，她是在意的，但不好意思说出口。

看着平日在职场上杀敌无数的她竟在爱情面前收刀，真让我傻眼。

该问的不问，敢呛的不呛，后来果然出乱子。

原来，那女的才是那男的老婆，我的朋友 A 不明不白地成了第三者。这下，许多话她更问不出口，只能暗自舔舐伤口。

看来，A错过的不只那次机会，应该有更多令她怀疑的蛛丝马迹，都让她的不好意思给带过了。

朋友B的丈夫一直都是作息正常的乖乖牌，下了班哪儿也不去，直奔回家带小孩，羡煞一缸子周围的女性朋友。

不过，B的老公最近交了几个谈得来的新朋友，便常常聚餐喝酒。酒一喝开话一多，往往忘了回家的时间，一周总有个三四天是喝到清晨才回到老婆的怀抱。

B忧心忡忡地问我："怎么办？好怕他身体喝坏，又怕他开车危险……，其实，我也不喜欢他这样喝酒，他过去十年喝的加起来都没有这一个月多！"我听了心急，就说："那你就打电话催他回来啊！"B听了，只给我一句："不行啦！那太不识大体了！"

识·大·体。

我终于找到关键字了。

这两位友人都是五年级前段班，原来，在她们的心里，觉得一个好女人，应该要识大体。

而识大体的意思就是，不吵不闹、不说出自己真正的感受，不能把自己的需要摆得比男人还前面，不能让别人看笑话，要不然会被说小家子气，不识大体。

很巧的，这两位识大体的女性都是五年级生。真该劝她们睁开眼向七年级女生学习——该生气时就用力地生气，该撒娇时便不要脸地撒娇。

要知道，男人有时也挺爱被纠缠、被索吻、被在大街上摸屁股。

适量的坏，绝对抓得住他。

新母系时代

上个世纪末，女人们常聚在一起讨论的是：好男人在哪里？听起来幽幽怨怨，无奈又无助。

但正如电影《侏罗纪公园》中所说："生命自己会找到出路。"女人，更是会为自己找到出路；就我的观察，新母系社会正在产生。

最近我身边一票不满三十岁的轻熟女，竟不约而同选择了不要男人、只要小孩的生活。一开始，我尽量进行道德劝说，企图以"小孩需要在有爸有妈的健全家庭里长大"来晓以大义，但后来，我却渐渐被她们说服了。

A今年才二十八岁，她却觉得自己老了；再加上之前卵巢有过病变，所以她对这次的意外怀孕，坚持一定要生下来。

朋友们都很替她担心。因为以A的姿色，过去有不少富商大贾拜倒在她的石榴裙下，又是送车又是送房，让A累积了不少财富。过去的肥羊她都不想嫁了，这次，却栽在一个从网络认识的小毛头手上。

那个小毛头既无稳定收入，又不够体贴温柔，居然在二人日本蜜月时，不肯陪A去买婴儿用品，情愿在饭店睡大头觉；更在游迪士尼时不劝阻怀胎三月的新娘坐自由落体而差点流产；清晨还挖起新娘去筑地吃生鱼，理由是来都来了，不玩太可惜……唉！

A的朋友在一次聚餐时围攻那名小毛头："你说你有什么优点？嫁给你有什么好？"那小男人回答："咦？你们不觉得我长得很帅，很像郭富城吗？"言下之意，A还算赚到了！

我问A为什么一定要生，她说，除了生理的原因，"妈妈、婆婆都要这个孩子；我自己也想要，大不了，我自己养"！

B和C不过是两个二十三岁上下的小女生，她们却都各自有了小孩，过着妈妈人生；经济来源是同一个有钱的老板，是的，她们是他的情妇、他孩子的妈，却不是身份证上的配偶，在朋友间也不能被称为"某太太"，但她们都甘之如饴，非常享受这样的生活。

在她们眼里，名分身份没什么重要，反正生个小孩就有两克拉以上的钻石及欧洲顶级房车。小孩穿的用的全是名牌，还可以和政商名流的小孩上一样的潜能开发学校。她们用的保养品是法国名牌，穿戴的不是 LV、Gucci 便是 Hermes，三不五时还可以出国旅游。男人为了怕麻烦，要不安排 B 去英国读书，要不资助 C 去开店，她们的人生不愁吃穿；至于小孩的爸偶尔回来，就当他去出差就好了呀！

B 和 C 都成长自单亲家庭，认为母亲可以一人撑起一个家，让她们无忧无虑、快乐长大。那么，现在有个凯子提供金援，她们也可以好好带大孩子。

D 已经四十岁了，身家上亿，但老是遇到游手好闲又擅长劈腿的小狼狗，与其每次都伤心，她干脆花钱借种，打算自生自养。你怀疑她的教养能力吗？工作上什么大风大浪没见过？能弯腰能低头能带领大企业管人事管钱……还有什么能难倒她？

E 是个二十四岁的小女生，小孩已经两岁，一样来自单亲家庭。小孩是她和前男友生的，结婚前夕 E 觉得他不是个可依靠终身的对象，便临时决定把他休了。现在，小孩白天给她妈妈带，她努力赚钱，虽然辛苦，但她一点都不后悔。

找不到好男人？那已经不重要！重点是，女人不会原地踏步太久，她们自有办法。或许有男人会说，就算不靠我们的钱，也得靠我们的种吧？

请查科学新知，现在从女性的细胞里已可培养制造出精子了；所以，男人们，请努力学着当好男人、好爸爸吧！

女人的私密派对

布兰、夏绿和凯莉，三个人在老地方已经等了二十分钟，还不见莎曼的踪影，开始有点不耐烦。但是因为莎曼信誓旦旦地保证，今天的"分享"绝对刺激、香艳，搞得三人坐立难安却舍不得离开。

每个月两次的"分享大会"，不外是女人们最私密的、最大胆的交流，因为，她们约定，就算彼此已为人妻、为人母，仍然要做个狂野享乐的快乐女郎。

好不容易，莎曼戴着大墨镜出现，虽然频频道歉，却也忍不住嘴角的笑意。"怎么，看你的样子，才刚'大战'完吗？"布兰没好气地问。莎曼说得骄傲："那还用说，自从我做了'那件事'，床伴增加了十三位，每一位夜夜来敲门的次数激增，高潮更是一波未平、一波又起呢！"

小小的餐厅，顿时掀起一阵惊呼，然后又意识到自己的失态，四位熟女便把头靠在一起："快点说！到底是什么秘密武器？"只见莎曼神秘兮兮地从背包里拿出一片绿色的硬块，上面黏有不少的毛发，更可见到一大堆清楚的毛囊。"哎哟！搞了老半天，不就是除毛吗？"夏绿失望地说。"看清楚点！这可不是腋毛哦！"莎曼夸张地晃了晃手中的蜡片，"了解了吗？Girls？"

顿了几秒，三人同时意会过来，这次的惊叫更大声了！"天啊！你真的去做了？痛不痛？""什么形状？会不会刺刺的？"另一人又插嘴："不会尴尬吗？修毛师父是女生吗？要用放大镜吗？"面对排山倒海的问题，莎曼啜了一口咖啡，慢条斯理地回答："痛！心型！不刺！不会！我希望那师父是男的！"

三人又捶又笑了一会儿，才有机会让莎曼好好报告。

"你知道吗，就是先涂一层保护油在私处，先微微修过，然后再上热蜡。天啊！那小姐还一边上蜡一边帮我用扇子扇，我觉得好像在烤鱿鱼哦！"接着，莎曼形容，平躺时朝上的部位阴毛修出形状，有水滴、心型，还有一般的修窄；但那个如水蜜桃般朝脚底的部位更遭受了"十大酷刑"，莎曼说，因为那个部位较敏感，涂蜡时已灼热痛感，但接下来的快速拔除才真叫人头皮发麻，鼻头额头都会瞬间冒出小汗珠，"但是，这一切都是值得的哟"！

莎曼一向是性爱至上的欲女，她所谓的"值得"，大家都了解是什么意思！她接着更得意地说："你想，原来混沌未明的黑森林，突然变成幼嫩的水蜜桃，无论在视觉、触觉上，都有豁然开朗的全新感受哦！"莎曼并不打算停，她严正地宣布："姊姊妹妹们，如果你的男人从来不到'下面'去，快去修一修吧！"

三人面面相觑了一会儿，动作一致地拿出手机，抄下号码，然后目睹莎曼接了一通"战友"的急 call，扬长而去。

布兰突然清了清喉咙："其实啊！这在古埃及、希腊时代就有了，除了有美化阴部效果，更与宗教或政治有关。很多外国人也觉得阴部修毛、除毛是一种卫生，有礼貌的行为……还有……"凯莉和夏绿两人同时示意要她住嘴："别说了，要不要一起预约？"

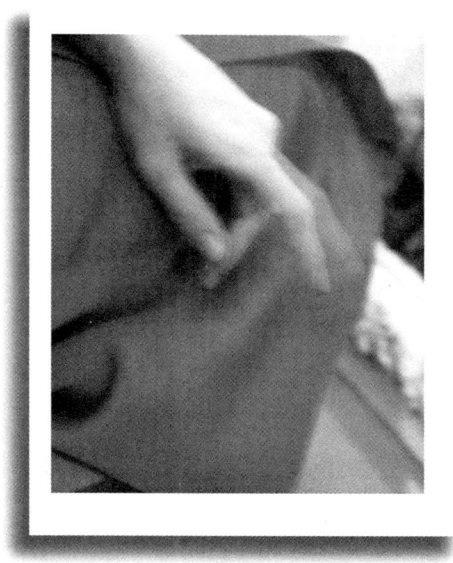

首富的女友

　　首富交了个舞蹈老师女友,我身边女性朋友们莫不惨叫连连,大多数是哀号为什么有人可以飞上枝头做凤凰;更气的是,为什么自己不是那个幸运儿?其中,不乏那位舞蹈老师当年的学姊、学妹,更是怨气冲天地大叫:"想当年,我们还是她羡慕的对象!"因为她们结婚较早,那名舞蹈老师当时仍是孤家寡人。所以,言下之意,如果姊姊妹妹们有机会,似乎大家都还蛮想成为首富的下一任夫人。

　　在我的节目《大学生了没》中,二十出头的花样少男少女,也透露了他们的价值观：有钱最好！如果没钱，也要努力打工买个名牌包包。如果有可能，最好嫁入豪门当贵妇。

由此可见，不论是五年级或六、七年级生，大家的拜金人生观倒是挺一致的。

已分不清是谁，是什么时候，什么事件，让这些台湾女性变得如此庸俗肤浅，又如此不快乐。

记得我有一次碰到张曼玉，激动地抓着她纤细的胳膊说："哇！你怎么那么瘦？！"只见她有点无奈地回了我一句："怎么现在女生都只关心这个？"

我哑口无言。是啊，曾几何时，我也掉进美容广告的陷阱，觉得身上的一两英寸肉，是天底下最重要的事。

打开报章杂志，如何美白，瘦大腿、小腹，如何画个滨崎步妆，如何买限量名牌货，已成为现代多数女性的生活重心，过度消费不必要的美容品更造成荷包缩水；看见贵妇们跑趴，每季都拿最新的包包，已成为她们追寻的梦幻式生活……说真的，现在女生怎么都关心这些？

有没有人想过，张曼玉私底下的衣着有多简单？她还常自己剪头发，更为平价年轻人服饰当设计师。她传达的是，自信不用名牌，快乐不必财富。

而我们的首富，就算富可敌国，有没有人想过，到了最后，他渴望的还不是一份能陪伴、相守到老的爱情？要不然，凭他，可买下多少环肥燕瘦、国色天香？

　　最近的热门人物第一夫人周美菁，便是与这股拜金狂潮相抗衡的超酷代表。期待台湾女性能以她马首是瞻，走出每个人独特的自我。

老少配又怎样

八十二会娶二十八岁，诺贝尔物理奖得主杨振宁与小他五十四岁的翁帆，谱出黄昏之恋，成了华人世界关注的话题。

不管是出入机场或进入校园上课，杨振宁为了摆脱大批的媒体，不但动用了大批公安来护航，更使出好莱坞明星换车找替身的调虎离山计才得以脱身。

大家好奇的到底是什么？

事件的第一天，台湾新闻媒体便找上了新科立委李敖，要他对老少配的性事发表评论。李大师只风趣地说了一句："有碍长寿。"

除去性事不谈，或许大家认为年龄差距过大而啧啧称奇。

人往往在评论别人时过于简化，而在看自己时才比较柔软。

从八卦媒体上，我们可以看到名人的恋情被物质化、数学化——她开什么车，他却没有车；她年收入千万元，他却只有数百万元；他八十二岁了耶，怎么可以和一个足以当他孙女的年轻女孩相恋甚至结婚？

好像真的不可以，但，又没什么不可以。

你曾经和同年龄的公司同事话不投机半句多，却能和菜市场的小贩聊心事吗？你每天回家和家人无言以对，却能和在飞机上遇见的陌生人聊秘密吗？你有能力为自己买跑车、买钻戒，却在爱人端上一杯热茶时才突然感受到幸福的降临吗？

以结婚为副业的影星伊丽莎白·泰勒在她第N度婚姻时，嫁给了一个小她快三十岁的伐木工人；高中就辍学、混战街头的前纽约警察局长柯瑞克，竟和纽约出版界女强人茱蒂瑞根有婚外情。看来，爱情超越的不只是年龄，更超越了出身背景、教育程度和种种世俗的价值观。

爱情，最重要的是，能满足对方的情绪需求。

只要这个人懂得怎么爱我、怎么让我快乐、怎么让我幸福；不用多说，他就能懂；身上的味道，拥抱的力道，亲吻的角度、湿度，共同的兴趣；关起门来变成兽的乐趣……凡此种种，不才是两人相爱最关键的因素？

许多八卦媒体的记者或编辑，自己不也过着一种两人经济、学历、年龄相差悬殊的爱情生活吗？

除了分胜负的表格、耸动的标题之外，谁不都凭着感觉在选择人生，或被人生选择？

毕竟，我们不是橱窗里漂亮的模特儿，我们只是寻求温暖的血肉之躯。

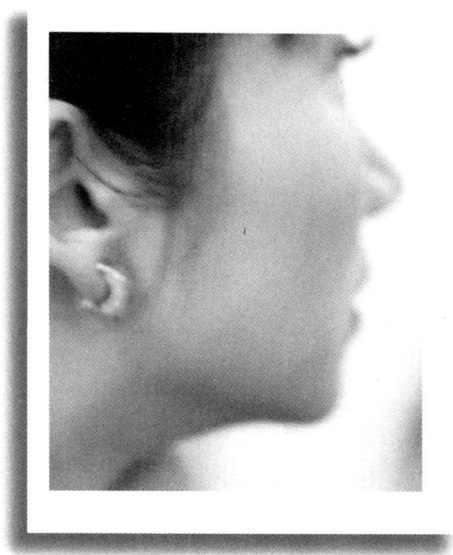

爱情也有萧条年代

　　金融大海啸、经济不景气，全球每个都市化的角落，几乎无一幸免。

　　美国截至十一月份止，已倒了近二十家银行，失业人口总数更高达一千万人。

　　台湾中小企业两年少掉八千多家，周围的朋友身陷股灾、基金灾的至少蒸发掉一半以上的投资；台北东区空着的店面比比皆是，信义区豪宅更是纷纷断头求售。

　　新闻报道或电视节目充斥着"便宜擂台大挑战"和"省

钱大作战"的专题，钱越来越小，生活越来越难搞。

这样的不景气，也反映在男女关系上。

常去的一家美甲店，以往总要一两个月前就预订，还未必有空；现在，随时随地想修个指甲，推个门进去就有一整组人来服务。

老板娘没好气地说："生意掉了二三成。"流失的是哪些客人呢？她回答："酒店小姐啊，还有被包养的女人啊！"怎么知道人家是酒店妹或被包养？"嗯，我们都被叫去酒店修指甲啊；包养的那种，就是年纪轻轻开百万名车、拿名牌包包——大多数都拿 H 牌那种的。"她还进一步分析，酒店妹喜欢打扮得较野性，较夸张、高调，也喜欢做较花哨的指甲彩绘；而被包养的则走比较低调简约路线，做指甲也选较素雅的法式指甲或较淡的颜色，穿着打扮多是黑白灰色系，不过，H 包是一定少不了的。

那这些女人除了修甲的消费减少，其他方面的改变呢？

老板娘说，有个小老婆最近把 BMW 车给撞坏了，撒娇向金主要一台 Porsche，但实在因为不景气，金主还是只买给她一台 BMW，讲得老板娘是又羡又妒又一副恨不是自己被包养的样子。末了，她倒是下了个不错的批注："会常来我们这儿修指甲的啊，不是有能力的女人，就是没能力的女人。"

那么，值此不景气的当下，到底女人们是甘愿自立自强，还是仰人鼻息被包养？

瞬间，帮我修甲的三个女人都抬头，异口同声地说："当然希望被包养啊！多舒服啊，自己不用工作就有那么多钱可以花，名牌包耶……"

难怪古人说："衣食足，然后知荣辱。"更有俗谚："笑贫不笑娼。"吃不饱，讲什么仁义道德？

怕是再这么不景气下去，男人连行房的兴致都没有，更遑论包二奶啦、上酒店啦；不过，这或许是男人回到大老婆身边的最佳契机！所有大老婆们，好好把握吧！

爱情烂咖

  我的朋友出车祸了。她在环东快速道路被一个酒驾的中年男子逆向对撞，车头整个被撞凹，惨不忍睹的照片还上了报。不过，幸好她没事，只有胸前因安全带强力拉扯而留下了一道很长的擦伤。
  她描述当时的景象时虽然余悸犹存，但是谈到那名驾驶便气愤难平，脏话飙不停！她形容对方一路蛇行闯祸，撞了车之后就直躺在车里赖皮，任凭旁观者如何敲门谩骂，他就在里面装死不出来。后来更精彩，那位肇事者的母亲到了警察局，她如泣如诉的长篇理怨才让一切真相大白。

原来她的那位逆子已经是第六次酒驾，四十多岁，常常失业，还常对父母暴力相向以致那对父母手上早持有家暴禁制令！这么混的一个人，也已是中年了，却每次还是要老母到警局来演一出哭戏——先是向我朋友大骂这位不孝子，然后再央求可否少赔一点。当然，母亲的辛苦大家都能体谅，她说无论怎么劝，儿子就是爱喝，劝多了自己又怕被打，很是为难。

其实，在那酒鬼清醒前，我朋友看在他母亲的面子上，本想撤销起诉，但几天后，那酒鬼在拘留所里打电话来的一段谈话，却让我朋友下定决心告死他！

酒鬼清醒后突然听得懂人话，也吐得出象牙了。他姿态颇低，不断慰问我朋友，还一直谴责自己的不是，只差没像八点档一样自扇巴掌！他的经典台词提到了："我一定会听你的话戒酒！"

哇！太精彩了！父母的话都不听，警察的话也不理，他居然会听一个素昧平生被他撞的人说的话？你信吗？

故事说到这儿，或许读者已纳闷，这样的一个意外，和广大读者有何相关？我只是想用这个例子来告诫那些在爱情战场上碰到烂咖还不撤退的呆子。

你不觉得这位肇事者的嘴脸和爱情烂咖很像吗？

　　我看过太多说谎成习、劈腿成性、不负责任、不讲道义情分的爱情烂咖，对另一半不知施了什么魔法咒语，居然可以偷拐骗奸淫掳掠对方到予取予求的地步。有的是被打了、被睡了还得捐出全身家当供养对方；有的是到对方家里做牛做马被逼堕胎最后娶的还不是她；更有甚者被对方冒用身份为非作歹，欠一屁股债事小，甚至还得为对方吃牢饭！

　　这已经不是一句犯贱能解决的，只是让人不禁"赞叹"已经到了匪夷所思的最高境界了！

　　一个人为何可以奴役另一个人？秦始皇时代是因封建时代民智未开加上他有庞大军队给他靠，所以他说要挑你脚筋，你也只好暗喊一声"妈的"然后跪下。

　　一百年前是因父权当道，女性地位低下，不过是男人的财产之一，所以没得商量只能忍气吞声。

　　现在，已经是公元二〇〇九年，那些姑息养奸的呆子，怪不得别人不懂珍惜，只能承认自作孽不可活。

该不该原谅

男人出轨，到底该不该原谅？

大部分男人都坚称，他们是下半身思考，小头胜大头。这点女人们大概略知一二，却不知欲望可以奴役男人到何种程度。

最近有个朋友，真是让我大开眼界。他是个游戏人间的风流鬼，每天可以在街头、在夜店、在上班的大楼里或餐厅，碰见他想要把的妹，有的只睡一晚，有的维持了几个月。偶尔交个女友，若没同居他便趁空四处猎艳，若已同居，他便趁女友睡着时打给小野花上 Motel 两小时，再偷偷返家神不知鬼不觉地钻入被窝；如果行迹败露就大不了分手再乐得逍遥，这样的日子叫身边一堆男性友人都羡慕得口水直流。

原以为他一定只要正妹，没想到，他在欲望来袭时，常有令人惊讶的配合。一次去大陆出差，他照例找了按摩妹，没想到进来了个捏嗓子假温柔气音的阿姨。他看了一眼，觉得还算 OK，便让她服务。接下来阿姨出招了，原来她喜欢角色扮演！

"哟，先生肚子大大的，真像只可爱的小青蛙！让姐姐来强暴你这只小青蛙，呱呱呱！"我的朋友说，接下来的几十分钟，这位阿姨不断地沉醉在她自编自导的乐趣中，而他觉得厌恶到了极点！那么，为什么不选择离开？有钱的是大爷啊！他不好意思地干笑了两声："那阿姨身材还 OK 啦！而且衣服都脱了，就弄一下吧！"各位女人，听到了吗？这就是下半身思考的男人，就算他多厌烦，还是可以做得下去。

所以男人出轨，到底该不该原谅？答案当然还是否定的，NO！！

哈？为什么？拿泥？Why？既然女人已了解男人的劣根性，为什么不能体谅？原因很简单：

一、姑息会养奸。既然曾经原谅过，为什么不再给他一次机会？而且，当男人糊弄说："我真的不知道喝醉后发生什么事情……"请问你会不会恨你的妇人之仁？

二、欲望来时，大可以DIY啊！反正男人们用自己的右手（或左手）已经如此纯熟又能满足，为什么不懂得权衡轻重？一边是偷腥尝鲜让小头一吐为快不过是几十分钟的事（别再夸大自己的能力啦！男人们！），另一边是爱你的女人，甚至还有家人对你的付出、期待和爱，有这么难选吗？

三、如果男人们想过、思考过，仍勇往直前，那么这种男人是自私鬼，有一天，他还是会为了自己丢下你，不要也罢！

四、如果男人们想都没想过，那他根本没把你放在眼里——或是说，在他的眼里，你和那位阿姨一样只有降火功能，Oh My God，你愿意吗？

男人若出轨，就让他翻车，车毁人亡吧！

你的人生，你决定

我的两个朋友，最近都和她们爱情长跑的男友分手了。一个谈了八年，另一个谈了十六年。乍听到这个消息的朋友，莫不惊呼：女人谈了这么久的恋爱却没开花结果，浪费了这么久的青春，下场应该带着些许凄凉？！

殊不知，这两段恋情，都是女人甩掉男人，而且都是为了事业。

让我们以小八和十六替她们做代号吧。

十六和男人早已论及婚嫁，且两人也积极地一起看房子觅新房。十六年了，她说，该经历过的都经历过，两人为对方受过的苦、相互的付出，自然不在话下。但后来，女人在面对男人施予的结婚生子压力时，不但没有一般女人惊觉"时候不早了，该生小孩"的反应，反而开始恐惧。她怕男人今朝有酒今朝醉的个性，怕未来房贷、奶粉钱、教育费的压力；更怕的是，当男人浪漫地握起她的手求婚时，居然都不担心她在害怕的事。

更重要的是，她在工作上刚获得一个被重用的机会，前途一片看好。她说，熬了这么久，终于可以独当一面，做到自己梦寐以求的 case，怎能放弃？她三十五岁了，毅然决然地放开男人的手，过去的十六年，她当成是男人给她的礼物。她说，难过是会的，但想起手上的工作，她便笑着说："我可以更全心投入了！"看起来，一点也不凄凉。

另一个小八的选择，一样也跌破大家的眼镜。她当年在一家国际公司位居要职，会穿着最新一季的高级订制服，穿梭在各大趴内与人高举香槟把酒言欢。最后，在私人聚会里遇见一个年纪可以当她爸爸的男人，居然疯狂地抛下一切，飞去泰国和男人穿着短裤和夹脚拖，一起为男人的事业打拼。我仍然记得她那灿烂的笑容。

她竭尽全力地学习她原本不熟悉的事务，在男人身边跟进跟出，两人甚至在当地共筑爱巢，还一起养了狗，看起来是那么幸福，仿佛故事已到了最后结局。谁知道，八年后，她告诉我，她选择离开男人。

她说，在工作上，她因为越做越大，本来帮男人小本经营，却没料到，她优异的表现会被金主看上，便投了巨额资金让她去闯去拼。男人的本行变成她的专长。她说，男人越来越不懂分担她工作上的压力，两人见面便是吵，最后甚至分居两地，于是，她离开了男人。

她已经四十多岁了，虽然也曾有过结婚生子的梦想，虽然也可以选择小鸟依人赖在男人的臂弯，但她，还是选择在事业的天空翱翔。

这是多么需要勇气的抉择，但是她们都做到了。她们说，遇到了人生的机会，就要去冲刺。不管什么女大当嫁，也不管生理时钟的倒数，至少当她们忙完一天后，能带着成就感满足地睡着，第二天起来，又充满斗志，多棒？！

你的人生，应该活在别人的期望里，或是自己的决定下？

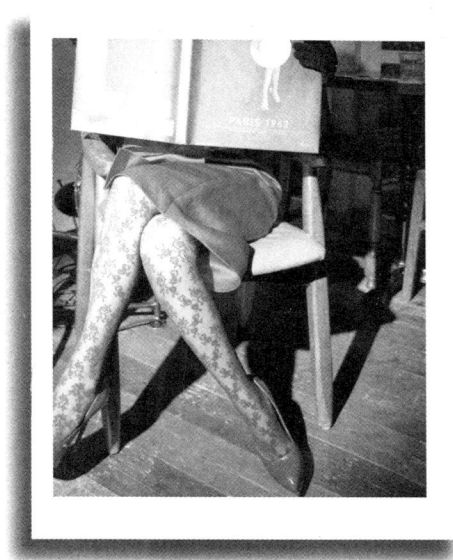

图书在版编目(CIP)数据

我爱故我在 / 陶晶莹 著. —— 济南：山东文艺出版社，2011.3
ISBN 978-7-5329-3456-0

Ⅰ. ①我… Ⅱ. ①陶… Ⅲ. ①随笔－作品集－中国－当代 Ⅳ. ①I267.1

中国版本图书馆CIP数据核字(2011)第027739号

图字：15-2011-005

主管部门	山东出版集团
集团网址	www.sdpress.com.cn
出版发行	山东文艺出版社
电子邮箱	sdwy@sdpress.com.cn
地　　址	济南经九路胜利大街39号
印　　刷	宁波市大港印务有限公司
版　　次	2011年4月第1版 2011年4月第1次印刷
规　　格	开本/700×1000　16开 印张/14.25　插页1　千字/100
定　　价	30.00元